Du CP au CE1
6/7 ans

Passeport

N°1 des cahiers de vacances

Philippe BOURGOUINT
Nicole PRESSE
Anglais
Xavier KNOWLES

Direction pédagogique : Bernard Jenner
Conception des pages d'activités : Blandine Debriffe

hachette
ÉDUCATION

Passeport, c'est :

Des autocollants récompenses pour motiver, encourager et récompenser l'enfant. À coller ici lorsque la séquence est finie !

16 séquences pour réviser l'essentiel

Lecture
Un **texte** illustré et des exercices de **compréhension**

Mathématiques
Des exercices de **calcul,** de **géométrie** ou de **mesures**

Français
Des exercices d'**orthographe,** de **grammaire** ou de **conjugaison**

Histoire
Géographie
Sciences

AIDE 1 Page 50
Pour un coup de pouce, l'enfant se reportera à l'**aide** indiquée (**rappel de cours** situé dans l'aide-mémoire)

Des jeux d'anglais et des activités récréatives

Des **jeux d'anglais** pour réviser tout en s'amusant !

Des **jeux** ou des **bricolages** facilement réalisables, à faire seul(e) ou en famille

Des **activités ludiques** et **documentaires** pour s'amuser en vacances

PISTE 1
Tout l'anglais des jeux est à écouter sur notre site www.hachette-education.com

Sommaire

Sommaire détaillé des notions révisées 4

1. C'est parti ! 6
2. Que d'eau ! 8

Jeux d'anglais 10

3. Fiers de leur record ! 12
4. Chat en vacances ! 14

Jeux et activités 16

5. 1, 2, 3, soleil ! 18
6. Jusqu'au ciel 20

Jeux d'anglais 22

7. Mon petit frère 24
8. Allô ! Tu m'entends ? 26

Jeux et activités 28

9. Ohé ! matelots ! 30
10. Pluie ou soleil ? 32

Jeux d'anglais 34

11. Gare aux sorcières ! 36
12. C'est si bon de rêver ! 38
13. De toutes les couleurs ! 40

Jeux et activités 42

14. Étranges dragons ! 44
15. Un gros nez rouge 46
16. Quelle belle plage ! 48

AIDE-MÉMOIRE 50

Un aide-mémoire

AIDE 1 Page 50

Des **rappels de cours** numérotés, regroupés par matières.
Dans les séquences, les bouées numérotées renvoient à l'aide-mémoire.

EN PLUS !

Un livret détachable au centre du cahier

Le coin des parents

Des conseils pour bien utiliser le cahier Passeport (quand, comment et à quel rythme)

Les corrigés détaillés

Tous les corrigés des séquences et des activités, accompagnés de nombreux conseils pédagogiques

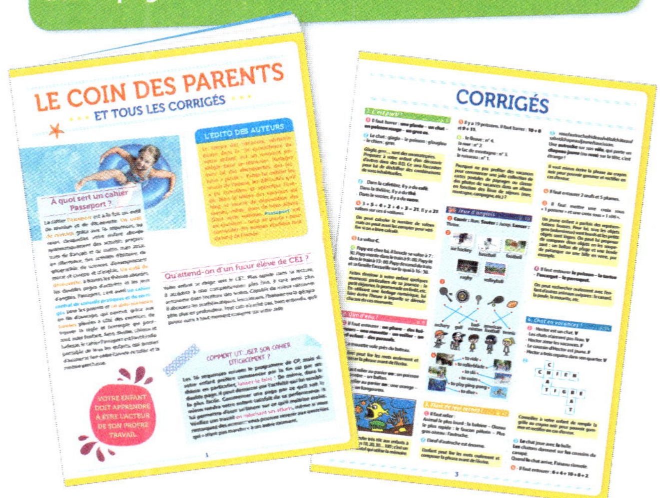

Sommaire détaillé des notions révisées

Français

Vocabulaire, expressions, jeux de mots et jeux de lettres

- devinettes .... pp. 30, 42 et 46
- différents sens d'un mot .... p. 18
- intrus dans une liste .... pp. 26 et 48
- lettres et mots .... pp. 20, 30, 32, 38 et 40
- mots croisés .... pp. 14 et 44
- onomatopées .... p. 06
- rimes .... p. 46
- vocabulaire de la météo .... p. 32
- vocabulaire de la plage .... p. 08
- vocabulaire des couleurs .... p. 40
- vocabulaire du portrait .... p. 46
- vocabulaire du transport .... p. 30

Grammaire

- féminin et masculin .... p. 26
- majuscule .... p. 20
- ordre des mots dans la phrase .... pp. 08, 12 et 24
- séparer les mots de la phrase .... p. 12
- trouver le verbe de la phrase .... p. 44
- utiliser les articles (les déterminants) *le, la, l', les* .... p. 14

Orthographe

- la lettre *h* .... p. 30
- les mots outils .... p. 36
- sons *an* et *en* .... p. 18
- sons *an* et *on* .... p. 08
- sons *ar, or, eur, ra, ro* et *re* .... p. 24
- sons *dr, fr, cr* et *pr* .... p. 44
- sons *ê, è, ai* et *ei* .... p. 32
- sons *ette, elle* et *erre* .... p. 20
- sons *gr, gl* et *gn* .... p. 06
- sons *ien, ion* et *oi* .... p. 38
- sons *in* et *im* .... p. 40
- sons *ion* et *oin* .... p. 48
- sons *o, au* et *eau* .... p. 12
- sons *œu* et *eu* .... p. 46
- sons *s, ss, c* et *ç* .... p. 36

Découverte du monde

Le temps, l'histoire

- chronologie .... p. 19
- emploi du temps .... p. 37
- évolution dans le temps : le téléphone .... p. 27
- lire l'heure .... p. 7
- personnages et animaux légendaires .... p. 45

L'espace, la géographie

- habitations des hommes .... p. 49
- paysages différents : l'eau dans la nature .... p. 09
- trajets sur un plan .... pp. 21 et 41

Sciences

- adaptation au climat : les vêtements .... p. 33
- classification animale : animaux carnivores, animaux herbivores .... p. 15
- corps humain .... p. 25
- modes de déplacement des animaux .... p. 31
- modes de reproduction des animaux .... p. 13

Maths

Nombres

- comptage de 2 en 2, de 5 en 5 .... p. 39
- décomposition d'un nombre en dizaines et unités .... p. 25
- dénombrement par comptage .... pp. 41
- doubles des nombres .... p. 31
- écriture des nombres en lettres et en chiffres p. 39
- moitiés des nombres .... p. 13
- ordre des nombres de 30 à 50 .... p. 19

Calcul

- additions à trous .... p. 15
- arbre à calcul .... p. 25
- calcul d'une différence .... p. 21
- calcul d'une somme .... pp. 07 et 33
- comparaisons de sommes .... pp. 09, 15 et 37
- comptage de sommes en euros .... pp. 25 et 31
- opération dans un problème (addition ou soustraction ?) .... p. 41
- somme de plusieurs nombres en ligne .... pp. 09 et 45

Problèmes de logique

- déductions logiques .... pp. 07 et 47

Géométrie

- dessin sur quadrillage .... p. 41
- figures géométriques : carré, rectangle, triangle, cercle .... p. 49
- quadrillage : repérage des cases et déplacements .... pp. 33 et 49
- reconnaître les solides : cubes, pavés droits, boules .... p. 19
- repérage dans un labyrinthe .... p. 45
- repérage topologique : droite, gauche .... pp. 27 et 49

Mesures

- comparaisons de longueurs .... p. 31 et 37
- monnaie (l'euro) .... pp. 25 et 31
- notion de masse .... p. 13
- utiliser les heures et les demi-heures .... p. 47

Anglais

- vocabulaire du sport .... pp. 10-11
- vocabulaire de la plage ; savoir se présenter ; les nombres .... pp. 22-23
- vocabulaire de la ferme ; savoir se présenter .... pp. 34-35

Jeux et activités

- Coquillages et crustacés .... p. 16
- En pleine nature .... p. 28
- La nature extraordinaire .... p. 42

Maquette intérieure et couverture : Mélissa Chalot
Illustration de couverture : Alain Boyer
Illustrations de l'intérieur : Patrick Morize, sauf Mascottes chien, crocodile : Ron Leishman/Shutterstock ; Rébus, devinettes, charades... : Marie-Hélène Tran-Duc (sauf p. 19 : Patrick Morize)

Conception et illustration des pages d'activités 16-17, 29, 42-43 : Blandine Debriffe (sauf dessin des enfants p. 17 : Patrick Morize)
Mise en pages : Patrick Leleux PAO
Édition : Barbara Jung

www.hachette-education.com

ISBN : 978-2-01-786522-3

Crédits photographiques :

p. 9 : © canadastock/BAHDANOVICH ALENA/Shutterstock (fleuve), Chantal de Bruijne/Shutterstock (mer), Peter Stein/Shutterstock (lac de montagne), Oleg Moskaliuk/Shutterstock (ruisseau) ; p. 10 : © wavebreakmedia/Shutterstock (rugby), Sergey Novikov/Shutterstock (volleyball), KPG_Payless/Shutterstock (baseball), Click Images/Shutterstock (hockey), Fotokostic/Shutterstock (football) ; p. 11 : © gorillaimages/Shutterstock (skieur), Marcos Mesa Sam Wordley/Shutterstock (cavalier), Olesia Bilkei/Shutterstock (skateur), hanapon1002/Shutterstock (nageur), Sergey Novikov/Shutterstock (joueurs de ping-pong), Poznyakov/Shutterstock (plongeur) ; p. 12 : © Volodymyr Burdiak/Shutterstock (autruche), Yann Hubert/Shutterstock (baleine), Andrew Astbury/Shutterstock (faucon) ; p. 13 : © iana Kauri/Shutterstock (plumes), Ekaterina V. Borisova/Shutterstock (poisson), Africa Studio/Shutterstock (chat), ZaZa Studio/Shutterstock (souris), Rich Carey/Shutterstock (tortue de mer), Aleksandar Dickov/Shutterstock (escargot), Gallinago_media/Shutterstock (pigeon), Vasily Kovalev/Shutterstock (hamster) ; p. 17 : © stockphoto-graf/Shutterstock (fond marin) ; p. 20 : © Smile Studio/Shutterstock (globe) ; p. 22 : © aodaodaodaod/Shutterstock (crabe), Seaphotoart/Shutterstock (étoile de mer), aastock/Shutterstock (poisson) ; p. 27 : © prapass/Shutterstock (téléphone rouge), Alexey Boldin/Shutterstock (smartphone), anmbph/Shutterstock (téléphone blanc) ; p. 29 : © AkeSak/Shutterstock (tangram lapin) ; anaken2012/Shutterstock (tangram poule) ; p. 38 : © MO_SES Premium/Shutterstock (avion) ; Jagodka/Shutterstock (chien) ; photomaster/Shutterstock (mésange) ; p. 49 : © John_Walker/Shutterstock (tente berbère), Michel Cecconi/Shutterstock (igloo), Oliver S/Shutterstock (hutte), Lucy Brown-loca4motion/Shutterstock (yourte) ; p. 54 : © Rvector/Shutterstock (bonbons), Govit/Shutterstock (pommes)..

Livret Parents : pp. 1 et 2 milieu © gorillaimages/Shutterstock ; p. 2 haut : © Sergey Nivens/Shutterstock.

C'est

Une voiture bien chargée…

Papa est heureux d'avoir rangé tous les bagages dans la voiture. Mais trouvera-t-il encore de la place pour la grande glacière bleue, le bocal à poisson rouge, la planche de surf, le chat, le chien et son gros os ?

Tout à sa place !

1 **Barre ce que papa ne rangera pas dans chacun de ces bagages.**

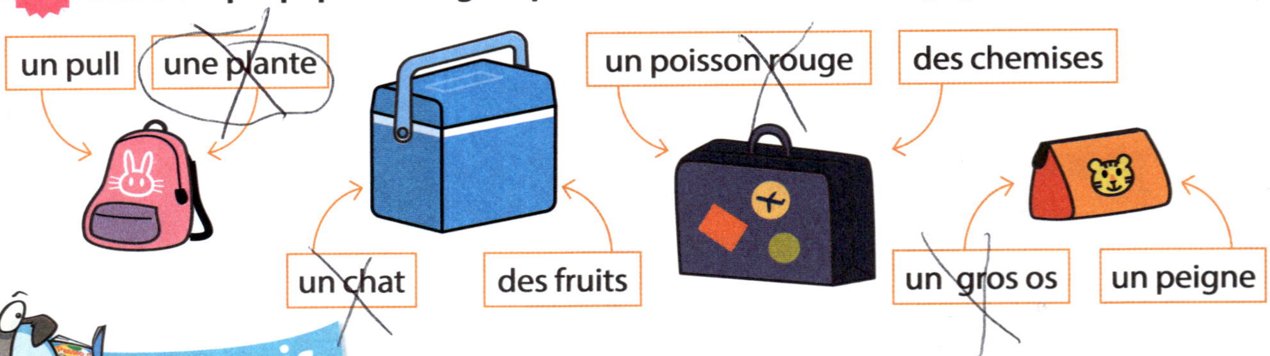

Français

2 **Complète chaque bulle avec la bonne onomatopée.**

AIDE 9 Page 51

glouglou – grrrr – glagla

3 **Écris ce que chaque objet contient.**

Dans la glacière, il y a de la glace. 

Dans la cafetière, il y a du  CAFÉ.

Dans la théière, il y a du THÉ. 

Dans le sucrier, il y a du  SUCR.

parti !

Tu as fini ?

1

BRAVO !
Colle ici ton étoile

Rébus

Que pense papa ?

Réponse : Il me faut un camion (île-meuh-faux-1-k-mie-on).

Maths

4 **Calcule combien de valises transportent ces six voitures.** AIDE 20 Page 53

3 + 4 + 4 + 2 + 4 + 3

= 20 Il y a 20 valises en tout sur ces 6 voitures.

5 **Lis ce que dit mamie et entoure sa valise.**

Elle est bleue avec une poignée jaune et une étiquette rouge. Elle est devant la plante verte.

Le temps

6 **Le voyage de Papy**

Papy a décidé de rejoindre la famille en vacances par le train. **Relie chaque moment de la journée de voyage à l'horloge numérique qui convient.**

13 : 00 16 : 30 7 : 30 9 : 00

Que d'eau !

As-tu bien observé ?

1 **Entoure les mots qui correspondent à ce que tu vois sur cette image.**

- un phare
- un voilier
- un crabe
- une tente
- des baigneurs
- un cerf-volant
- un vélo
- des parasols
- une mouette
- une étoile de mer

Français

2 **Mets les six mots dans le bon ordre pour former une phrase. Recopie-la sur les lignes ci-dessous.**

AIDE 15 Page 51

La mouette vole prés du bateau

3 **Relie chaque mot au panier où il doit être rangé.**

AIDE 1 Page 50

- un poisson
- une orange
- une montre
- un ballon
- un banc
- un kangourou

Tu as fini ?

2

BRAVO !
Colle ici ton étoile

Maths

Devinette

Je vis dans l'eau, mais
si on retire un *s* dans mon nom,
on ne peut plus me manger !
Qui suis-je ?

Réponse : le poisson / poison.

4 Colorie le dessin en respectant le code des couleurs.

AIDE 18 Page 53

marron = 10
jaune = 30
orange = 20
bleu = 40
vert = 50

5 Combien y a-t-il de poissons en tout ?

Barre les mauvaises réponses :

10 + 8   11 + 9   11 + 8

Il y a en tout 19 poissons.

Géographie

6 L'eau dans la nature

AIDE 31 Page 55

Observe les images, puis complète les phrases.

1

2

3

4

- Le **fleuve** est sur l'image n° 4 .
- La **mer** est sur l'image n° 2 .
- Le **lac de montagne** est sur l'image n° 3 .
- Le **ruisseau** est sur l'image n° 1 .

JEUX d'anglais

Sports

Les sports

1 Au stade Observe le dessin et retrouve les mots en anglais.

courir : ....

sauter : ....

lancer : ....

2 Connais-tu ces sports ?

Écris dans les étiquettes le nom de ces sports :

rugby – volleyball – ice hockey – baseball – football

ice hockey

baseball

Football

rugby

volleyball

PISTE 1

Écoute l'anglais
de ces jeux sur notre site
www.hachette-education.com

3 À qui est-ce ? Relie chaque objet au bon sportif.

archery — golf — badminton — american football — tennis

4 Les bons verbes

Relie chaque verbe à l'activité sportive qui lui correspond.

- to ride (a horse)
- to rollerblade
- to ski
- to swim
- to play ping-pong
- to dive (in the sea)

Fiers de

l'autruche

la baleine

le faucon

Je suis fière de mon record ! Je suis le plus grand animal sur Terre. Je suis aussi lourde que 20 éléphants !

Je suis fier de mon record ! Je suis l'oiseau le plus rapide en vol. Quand je plonge sur ma proie, je vole à 130 kilomètres/heure, c'est-à-dire aussi vite qu'une voiture !

Je suis fière de mon record ! Je suis le plus gros oiseau sur Terre et chacun de mes œufs est aussi gros que 24 œufs de poule !

As-tu bien lu ?

1 Relie chaque animal à sa bulle.

Français

2 Choisis six mots pour former une phrase. Écris-la sur les lignes ci-dessous.

AIDE 15 Page 51

....

....

3 Sépare d'un trait les 9 mots qui sont collés.

AIDE 2 Page 50

rose|autrucherideauvélochâteau

sabotchapeaujaunesaucisson

Puis, choisis quatre de ces 9 mots pour compléter cette phrase.

Une .... sur son .... ,

qui porte un ....

sur la tête, c'est étrange !

leur record !

3
BRAVO !
Colle ici ton étoile

Maths

4 Entoure à chaque fois la moitié des objets dessinés.

AIDE 23 Page 54

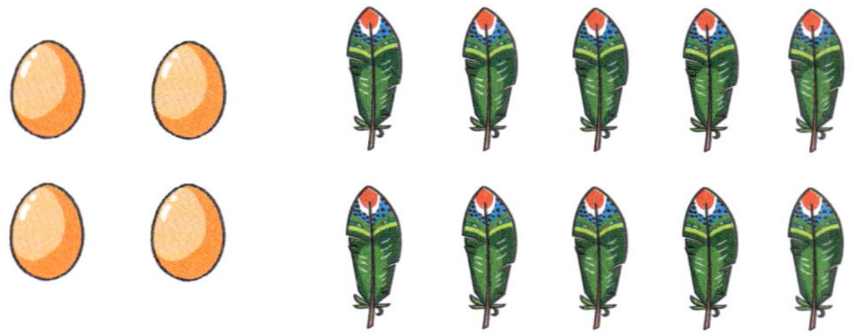

> **Rebus**
>
> Mon premier est une note de musique.
> Mon second est le contraire d'épais.
> Mon tout est un animal très sympathique.
>
> Réponse : dauphin (do-fin).

5 Regarde la balance. Mets une croix sous ce qui pèse le plus lourd. Suis l'exemple A.

AIDE 26 Page 54

A

1 œuf d'autruche ☒ ou 6 œufs de poule ☑

B

10 cerises ☐ ou 1 pomme ☑

C

1 rôti ☑ ou 3 poissons ☐

Sciences

6 **Naissances !**

AIDE 34 Page 56

Les animaux qui pondent des œufs sont des animaux ovipares. Entoure-les.
Les autres animaux représentés sont des mammifères.

Chat en

Mon chat Hector, lui, n'aime pas les vacances !

Loin de sa maison, le polisson devient grincheux – et gare à sa mauvaise humeur !

Je sais, moi, que ses parties de cache-cache dans le grenier lui manquent. Finies aussi les sorties au clair de lune avec ses copains du quartier : le Tigré, le Sauvage, le Grisou.

Sans oublier son cher coussin rouge si douillet, le compagnon de ses longues siestes.

Et la baignade ? me diras-tu. Quelle plaisanterie ! L'eau est sa grande ennemie !

Moi je suis sûr, hélas, que le coquin attend avec impatience la fin des vacances…

As-tu bien lu ?

1 Réponds par V (vrai) ou F (faux).

- Hector est un chat. VRAi
- Hector aime les vacances. FAUX
- Hector a trois copains dans son quartier. VRAi
- Les chats n'aiment pas l'eau. VRAi
- Le coussin d'Hector est jaune. ……

Français

2 Écris le nom des quatre animaux dans la grille de mots croisés.

tigre	chien	chat	rat

3 Complète les phrases avec le – Les – la – l' – Le – les

le chat joue avec la balle.

les chatons dorment sur le coussins du canapé.

Quand les chat arrive, l' oiseau s'envole.

vacances !

4

BRAVO !
Colle ici ton étoile

Rébus

Réponse : chahuter (chat-u-T).

Maths

4 Lundi, M. Matou a mangé 6 souris.

AIDE 20 Page 53

Mardi, il a croqué 4 souris.
Mercredi, il a dévoré 10 souris.
Jeudi, il s'est reposé.
Vendredi, il a avalé 8 souris.
Samedi, il a grignoté 2 souris.
Dimanche, il a fait ses comptes…

Combien de souris M. Matou a-t-il mangées cette semaine ?

- **Entoure la bonne opération.**

6 + 4 + 9 + 8 + 1   6 + 2 + 4 + 8 + 5

6 + 4 + 10 + 8 + 2

- **Entoure le bon nombre de souris dévorées.**

20 30 40

5 Les empreintes du chat cachent des chiffres.

AIDE 24 Page 54

Complète les chiffres qui manquent dans les trois additions.

10 + … = 15

… + 6 = 26

29 + … = 32

Sciences

6 Le chat est un carnivore : c'est le nom qu'on donne aux animaux qui se nourrissent surtout de viande.

AIDE 35 Page 56

Parmi ces animaux, colorie les trois animaux qui sont des carnivores.
Les quatre autres animaux se nourrissent d'herbe : ce sont des herbivores.

Jeux et activités

Coquillages

JEUX MARINS

1 Retrouve qui est mangé par qui, en rajoutant les flèches dans le bon sens.
Ceci s'appelle une chaîne alimentaire.

2 Compte le nombre de poissons dans ce banc de poissons.

3 Retrouve les mots codés. Chaque nombre écrit sur une étoile de mer correspond à une lettre.

1

Est mangé par

2

Nombre de poissons : 24

3

et crustacés

INFO

Les fonds marins

La plus grande partie de la Terre est recouverte d'eau. Les fonds marins sont très profonds, mais grâce à des sous-marins on peut les explorer jusqu'à environ 6 500 mètres de profondeur.

Les fonds sous-marins ne sont pas plats et on y trouve un paysage de plaines, de montagnes et de creux très profonds.

IL TE FAUT

- 1 seau
- 5 bouchons ou 5 galets de couleurs différentes par joueur

Jeu de plage

Dans le mille

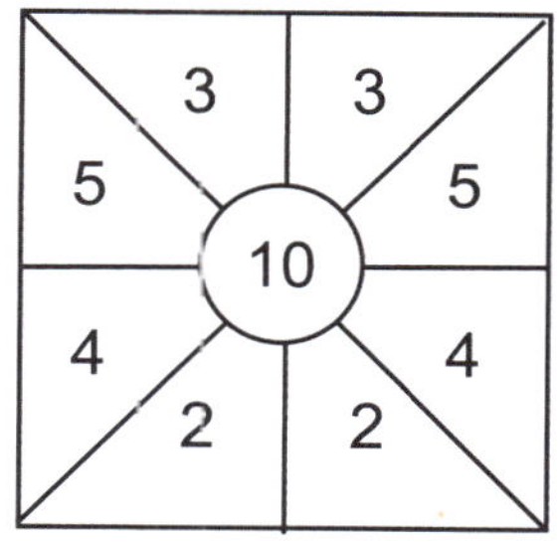

PRÉPARATION DU JEU

1. Trace par terre un carré et partage-le comme le modèle.
2. Au milieu, place un seau ou creuse un trou si c'est du sable.
3. Dans chaque case, écris le nombre indiqué sur le modèle.

Le seau ou le trou vaut 10 points.

4. Trace un cercle d'où chaque joueur va lancer ses galets (à un mètre de distance).

RÈGLE DU JEU

1. À tour de rôle, chaque joueur lance ses 5 bouchons ou galets sur les cases.
2. Chaque joueur compte ses points.
3. Le gagnant est le joueur qui a le meilleur score.

Le jeu protecteur

Entoure les objets nécessaires pour te protéger du soleil.

Solution du jeu page 7 des corrigés.

ASTUCE !

Un beau dessin marin !

1. Dessine un poisson sur une feuille.
2. Repasse le trait du dessin avec de la colle en tube.
3. Verse du sable sur ton dessin, puis secoue-le pour enlever le sable en trop.
4. Colle des morceaux de différents coquillages pour faire des écailles et un petit galet pour l'oeil.

1, 2, 3, soleil !

1 Ça pique, ça brûle !

Le titre de la bande dessinée est : « 1, 2, 3, soleil ! »
Entoure les deux autres titres que tu peux lui donner.

• On joue à chat. • Une bonne blague ! • Le château de sable. • Le soleil est brûlant.

Français

2 Écris chaque mot sur la bonne serviette.

AIDE 1 Page 50

maman – les enfants – les parents
le vent – un goéland – un danger

an	en
maman	le vent
un goéland	les enfants
un danget	les patents

3 Complète les phrases avec les mots suivants :

vent – tonnerre – soleil

Un coup de tonnerre annonce l'orage.

Un coup de vent soulève le sable.

Un coup de soleil brûle la peau.

Mais un coup de foudre, c'est quand on tombe amoureux…

Tu as fini ?

5

BRAVO !
Colle ici ton étoile

Maths

Cache-cache

Je suis aussi un animal marin
mais je ne suis pas sous le parasol.
Qui suis-je ? Entoure mon nom.
le crabe – l'étoile de mer –
la tortue – le dauphin – le poulpe

Réponse : la tortue.

AIDE 17 Page 52

4 Qui suis-je ?

Relie les points pour le savoir.

Avec les lettres l-s-l-i-e-o, tu peux écrire mon nom.

Je suis le s.................................... !

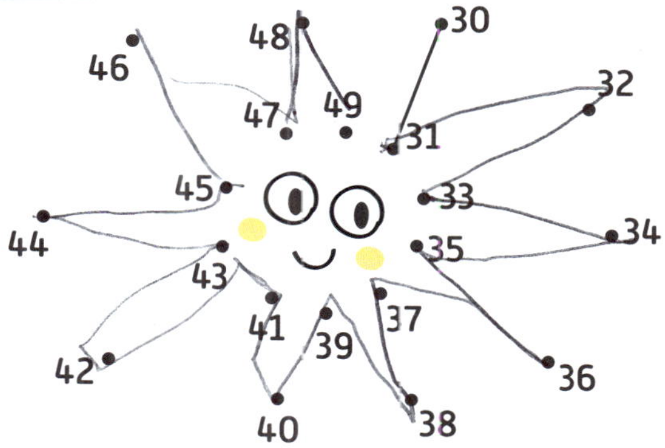

5 Compte les pâtés et les boules de sable, puis complète la phrase.

AIDE 28 Page 54

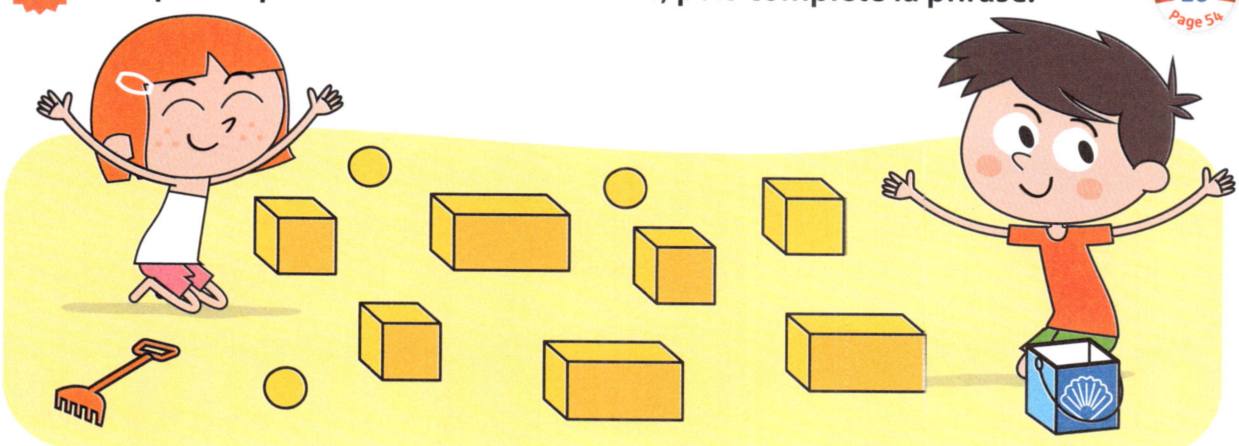

Les enfants ont construit .... cubes, ... pavés droits et .... boules.

Le temps

6 On construit un château !

Numérote ces photographies de la construction du château de sable dans l'ordre où elles ont été prises.

2

1

4

3

Jusqu'

Jusqu'au ciel

Je pars en voyage
Parmi les nuages
Dans une montgolfière
Pour mieux voir la Terre
Avec un maillot
Pour plonger dans l'eau
Et une grande échelle
Qui va jusqu'au ciel
Pour monter très haut
Avec les oiseaux !

A. Benitah, S. Arnould,
Petites comptines câlines, éd. Fleurus.

1 As-tu bien lu ?

Choisis un mot du texte que tu peux ajouter à cette suite de mots (compte le nombre de lettres de chaque mot).

eau (3) – ciel (……) – terre (……) – voyage (……) – …………… (……)

Français

2 Chaque animal tient dans sa bouche la fin de son nom. Complète chaque nom.

AIDE 13 Page 51

une chouette
une mouette
une hirondelle
une sauterelle
un ver de terre

3 Souligne les noms propres, ce sont les noms qui commencent par une majuscule.

AIDE 16 Page 51

En regardant la Terre, j'aperçois la France mais je ne vois ni Paris, ni monsieur Lamine mon maître d'école.

au ciel

Charade

Avec mon premier on coupe le bois.
Mon deuxième renifle parfois.
Mon troisième porte les voiles.
Mon tout est un lieu
où on va voir des films.

Réponse : cinéma (scie – nez – mât).

6
BRAVO !
Colle ici ton étoile

Maths

4 Il y a 12 poissons dans le bassin.

Combien se cachent derrière le rocher ?

12 – 7 = 15

Il y a 14 poissons derrière le rocher.

5 Calcule. AIDE 29 Page 54

7 – 2 = 5 5 – 3 = 2 9 – 1 = 8 10 – 5 = 6

6 Écris pour chaque échelle le nombre de barreaux.

A	B	C	D	E
12	4	6	8	7

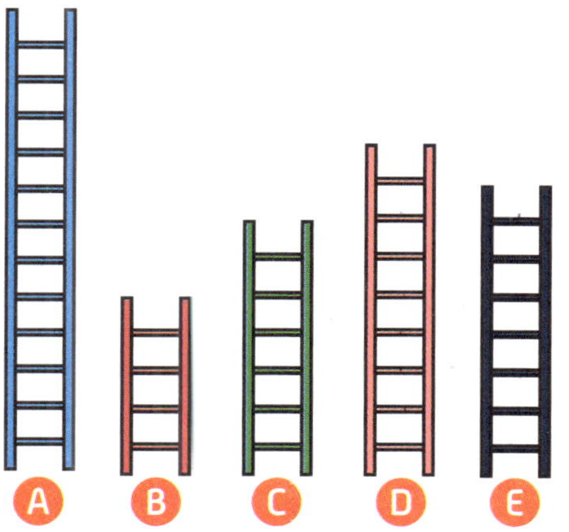

Quelle échelle a le moins de barreaux ?

C'est l'échelle : B

Quelle échelle a le plus de barreaux ?

C'est l'échelle : A

L'espace

7 1. Le chemin tracé est celui qu'utilise Zoé pour aller à la plage. AIDE 32 Page 55
Trace le chemin utilisé par Téo pour aller au supermarché.

2. **Coche la bonne case.**

	Vrai	Faux
La piscine et la maison de Zoé sont dans la même rue.	☑	☒
L'entrée du cinéma est en face de l'église.	☑	☐
Il y a deux bassins à la piscine.	☑	☐

JEUX d'anglais

The beach

La plage

1 Sur la plage. Remplis (en anglais) les cases vides sur le dessin. Aide-toi du vocabulaire.

Vocabulary
Vocabulaire

sea	mer
sun	soleil
sand	sable
umbrella	parasol
bucket	seau
snorkel	tuba
mask	masque

2 Qui suis-je ? Écris sous chaque animal son nom en anglais :

fish – crab – starfish

PISTE 2

Écoute l'anglais de ces jeux sur notre site www.hachette-education.com

3 Combien sont-ils ?

Relie chaque groupe d'animaux au bon nombre.

one — two — three — four — five

4 Présentation. À la plage, Manon, qui habite à Toulouse, fait la connaissance d'Oliver, qui vit à Londres. Aide-la à se présenter !

My name is Oliver.

My ....
....

I'm English.
I am from London.

I am a boy,
not a girl.

I am
a ....

I'm ....
I am from ....

Mon petit

Mon petit frère Hugo a trois ans. Quand il est né, on m'avait dit :

– Quelle chance tu as !

– Un petit frère, c'est sympa !

Moi ça ne m'amuse pas du tout ! Il fait la sieste l'après-midi. Il pleure dès qu'il a perdu son doudou et maman arrive alors en courant. Hier, d'un coup de pied, il a cassé le beau château de sable que j'avais construit. Moi, je n'ai rien dit, parce qu'il est petit, mais je n'étais pas content du tout ! Aujourd'hui, il fait beau. Alors j'ai décidé de construire une cabane. Et l'année prochaine, comme il sera grand, on pourra y jouer ensemble aux Indiens.

1 As-tu bien lu ? Relis le texte et coche la case ☒ si ce qui est écrit est vrai.

- ☐ Hugo est un garçon.
- ☐ Hugo a cinq ans.
- ☐ Hugo a cassé le camion rouge de son grand frère.
- ☐ Les enfants joueront aux Indiens dans la cabane.

Français

2 Avec tous ces mots en désordre forme une phrase, puis écris-la sur les lignes.

plage | a | fait | sable | de | grand | sur | un | On | . | la | château

On ....

....

....

3 Hugo a renversé son jus d'orange et les mots ont été effacés. **Retrouve-les en les complétant avec ar, or, er, eur.**

AIDE 11 Page 51

le b___ceau

le j___din

un trés___

un bijou en ___

le coiff___

ar ou ra ? or ou ro ? er ou re ?
Complète les mots.

___pide – un esc___got – un c___be – une ___be

frère

Charade

Trouve ce que Paul a reçu pour son anniversaire.
Mon premier est la 22e lettre de l'alphabet.
Mon deuxième est la 20e lettre de l'alphabet.
Mon troisième est aussi la 20e lettre de l'alphabet.
Mon tout peut rouler sur tous les terrains.

Réponse : VTT (vélo tous terrains).

Maths

4 Compte et écris les sommes en euros.

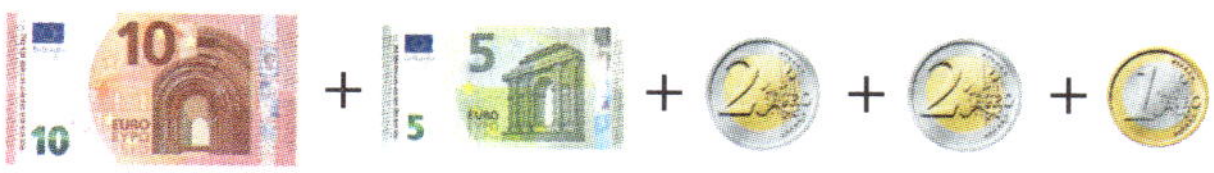
= .... €

= .... €

5 Complète cet arbre à calcul.

10 + 6 + 20 + 6

.... + ...

....

6 Écris sous chaque gâteau d'anniversaire l'âge des personnes (compte bien les bougies).

AIDE 18 Page 53

 = 1 an  = 10 ans

Léo a .... ans. Maman a .... ans. Grand-mère a .... ans.

Sciences

7 Le corps humain

AIDE 33 Page 56

Écris le nom qui convient dans chaque étiquette.

Le bras – la cuisse – l'épaule – la cheville – le genou – le poignet

Allô !

Allô, allô !!!

Allô !
le cirque ...

Lucas

Allô !
le camping...

Emma

Allô !
le poney-club ...

Enzo

Allô !
la pizzeria ...

Chloé

A

Non, vous ne pouvez pas garder votre poney jusqu'à l'année prochaine.

B

Non, nous ne livrons pas de pizzas sur les pédalos.

C

Nous avons un numéro de clowns jongleurs.

D

Oui, il y a une piscine en forme de cœur dans notre camping.

1 As-tu bien lu ?

Relie chaque personnage à son correspondant.

Français

2 Barre ce que Manon et Louis n'ont pas pu voir à la pizzeria ou au cirque.

Allô, Louis !
Tu sais ce que j'ai vu à la pizzeria ?
J'ai vu un four, un feu de bois, de la farine, un dauphin.

Bonjour, Manon.
Eh bien moi, au cirque, j'ai vu un éléphant, un phoque, un nuage, un saxophone.

3 Relie les noms qui se correspondent.

le cuisinier •	• la reine
le vendeur •	• la directrice
le chat •	• la cuisinière
le directeur •	• la vendeuse
le roi •	• la chatte

Tu m'entends ?

BRAVO !
Colle ici ton étoile

Maths

4 Les objets trouvés sont à gauche du tableau. **Indique par une croix à qui ils appartiennent.**

5 **Entoure les personnes qui tiennent leur téléphone de la main droite.**

Rébus

Réponse : téléphone (T-lait-faux-nœud).

Le temps

6 **Papy, papa ou moi**

Depuis 60 ans, les téléphones ont bien changé. **Relie chaque téléphone à l'étiquette qui lui correspond.**

1

2

3

il y a 60 ans, quand papy était enfant	il y a 30 ans, quand papa était enfant	aujourd'hui, à mon époque

En pleine

RÈGLE DU JEU

1. Tous les joueurs placent leur pièce sur la case « Départ ».
2. À tour de rôle, chaque joueur lance le dé et avance sa pièce du nombre de cases indiqué par le dé.
3. Le joueur qui arrive le premier sur la case « Arrivée » a gagné.
4. Le joueur qui fait un nombre plus grand doit reculer d'autant de cases jusqu'à ce qu'il tombe juste sur la case « Arrivée ».

MATÉRIEL

CASES SPÉCIALES

Passe ton tour.

Retourne à la case 2

Va à la case 26.

Les cases « Passeport »

PASSEPORT 31

Rejoue.

LE COIN DES PARENTS

ET TOUS LES CORRIGÉS

L'ÉDITO DES AUTEURS

Le temps des vacances, véritable pause dans la vie quotidienne de votre enfant, est un moment privilégié pour se retrouver. Partagez avec lui des découvertes, des lectures « plaisir ». Faites-lui oublier les soucis de l'année, les difficultés qu'il a pu connaître, et optimisez l'avenir. Mais le temps des vacances est long et source de déperdition des savoirs, même pour de bons élèves. Dans cette optique, Passeport est un excellent « coup de pouce » pour consolider des notions étudiées tout au long de l'année.

À quoi sert un cahier Passeport ?

La cahier **Passeport** est à la fois un outil de révision et de découverte. **Un outil de révision** grâce aux 16 séquences, au cours desquelles votre enfant aborde systématiquement des activités progressives de français et de maths, mais aussi, en alternance, des activités d'histoire, de géographie, de sciences, d'enseignement moral et civique et d'anglais. **Un outil de découverte,** à travers les thèmes abordés, les doubles pages d'activités et les jeux d'anglais. Passeport, c'est aussi **un cahier central de conseils pratiques et de corrigés** pour les parents et **un aide-mémoire** en fin d'ouvrage, qui permet, grâce aux **bouées** placées à côté des exercices, de trouver la règle et l'exemple qui pourront aider l'enfant. Aéré, illustré, sérieux et ludique, le cahier Passeport est l'outil indispensable de tous les enfants, qui permet d'assurer le lien entre l'année écoulée et la rentrée prochaine.

Qu'attend-on d'un futur élève de CE1 ?

Votre enfant se dirige vers le CE1. Plus rapide dans sa lecture, il accédera à une compréhension plus fine. Il sera aussi plus autonome dans l'écriture des textes. Capable de mieux raisonner, il abordera les mathématiques, les sciences, l'histoire ou la géographie plus en profondeur. Tout cela n'exclut pas, bien entendu, qu'il puisse aussi à tout moment compter sur votre aide.

VOTRE ENFANT DOIT APPRENDRE À ÊTRE L'ACTEUR DE SON PROPRE TRAVAIL.

COMMENT UTILISER SON CAHIER EFFICACEMENT ?

Les 16 séquences suivent le programme de CP, mais si votre enfant préfère commencer par la fin ou par un thème en particulier, laissez-le faire ! De même, dans la double page, il peut démarrer par l'activité qui lui semble la plus facile. Commencer une page par ce qu'il sait le mieux rendra votre enfant satisfait de sa performance et lui permettra d'oser se lancer sur ce qu'il maîtrise moins. Vérifiez son travail en valorisant ses efforts, même si vous remarquez des erreurs : vous pourrez revenir aux exercices qui « n'ont pas marché » à un autre moment.

À quel rythme utiliser son cahier ?

Le cahier de vacances ne doit jamais être une corvée. Votre enfant y travaillera à son rythme et aussi en fonction de l'organisation familiale. Néanmoins, il est conseillé d'acheter ce cahier au début des vacances et de le faire tranquillement, à raison de 2 à 3 séquences par semaine, d'une trentaine de minutes chacune. Vous pouvez décider avec lui d'un moment privilégié dans la journée, en alternance avec des activités de plein air. Mais surtout n'en faites jamais une contrainte…

AIDE 1 Page 50

AIDEZ-VOUS DES RAPPELS DE COURS DE L'AIDE-MÉMOIRE

QUE PROPOSENT LES CONSEILS DANS LES CORRIGÉS ?

Les conseils qui accompagnent les corrigés ont pour but de vous donner des indices, des pistes qui permettront à votre enfant de terminer ses exercices. Ils proposent également des explications sur les mots qui pourraient s'avérer difficiles.

À QUOI SERVENT LES PAGES D'ACTIVITÉS ?

Ces pages sont des respirations ludiques et actives, destinées à rassembler toute la famille autour d'un jeu, d'une recette ou d'une activité de bricolage. Elles peuvent aussi amener un enfant en difficulté à adopter son cahier de vacances et à se plonger avec davantage de plaisir dans les exercices de français et de maths !

Que faire face à un refus de travailler ?

Si votre enfant refuse d'ouvrir son cahier, essayez de l'y amener par le biais des pages d'activités. Celles-ci, tournées vers le jeu, peuvent l'encourager à découvrir ensuite les pages plus scolaires. Faites un jeu de chaque exercice : demandez-lui, par exemple, de vous expliquer la consigne. S'il éprouve des difficultés, montrez-lui comment faire en vous aidant d'un exemple. Vous pouvez aussi vous aider des quelques conseils donnés dans les corrigés et des rappels de cours de l'aide-mémoire. Enfin, pour ne pas décourager votre enfant, préférez de toutes petites séquences (le temps d'un exercice, par exemple) mais davantage réparties dans la semaine.

Tous ces conseils sont indicatifs : surtout ne culpabilisez pas si vous remarquez des erreurs dans les réponses de votre enfant. Et si vous voyez qu'il n'est pas « mûr » pour une matière, n'insistez pas. Le programme de CP sera revu, de toute façon, au CE1. Par-dessus tout, nous vous souhaitons une agréable lecture et de bonnes vacances !

CORRIGÉS

1. C'est parti ! .... p. 6

❶ Il faut barrer : **une plante – un chat – un poisson rouge – un gros os.**

❷ Le chat : glagla – le poisson : glouglou – le chien : grrrr.

Glagla, grrrr… sont des onomatopées. Proposez à votre enfant d'en découvrir d'autres dans des B.D. Ce sera l'occasion pour lui de déchiffrer des combinaisons de sons inhabituelles.

❸ • Dans la cafetière, il y a du **café**.
• Dans la théière, il y a du **thé**.
• Dans le sucrier, il y a du **sucre**.

❹ 3 + **5** + **4** + **2** + **4** + **3** = **21**. Il y a **21** valises sur ces 6 voitures.

On peut calculer le nombre de valises mais on peut aussi les compter pour vérifier si on a bien calculé.

❺ La valise **C**.

❻ Papy est chez lui, il boucle sa valise à 7 : 30. Papy monte dans le train à 9 : 00. Papy lit dans le train à 13 : 00. Papy descend du train et sa famille l'accueille sur le quai à 16 : 30.

Faites dessiner à votre enfant quelques moments particuliers de sa journée : le petit déjeuner, la promenade en forêt, etc. En utilisant une horloge numérique, lui faire écrire l'heure à laquelle se déroule chacun de ces moments.

2. Que d'eau ! .... p. 8

❶ Il faut entourer : **un phare – des baigneurs – une mouette – un voilier – un cerf-volant – des parasols.**

❷ La mouette vole près du bateau.

L'enfant peut lire les mots oralement et composer la phrase avant de l'écrire.

❸ • Il faut relier au panier **on** : un poisson – une montre – un ballon.
• Il faut relier au panier **an** : une orange – un banc – un kangourou.

On peut apprendre très tôt aux enfants à compter de 10 en 10, 20, 30…100 ; c'est un jeu de calcul mental qui utilise la mémoire.

❺ Il y a 19 poissons. Il faut barrer : **10 + 8** et **9 + 11**.

❻ • le fleuve : n° 4.
• la mer : n° 2.
• le lac de montagne : n° 3.
• le ruisseau : n° 1.

Pourquoi ne pas profiter des vacances pour commencer une jolie collection de cartes postales de paysages ou classer des photos de vacances dans un album en fonction des lieux de séjours (mer, montagne, campagne, etc.) ?

Jeux d'anglais .... p. 10

❶ **Courir :** Run. **Sauter :** Jump. **Lancer :** Throw.

❷

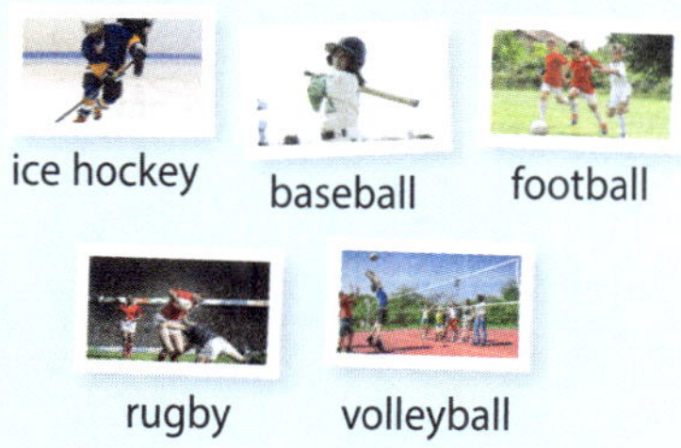

❸

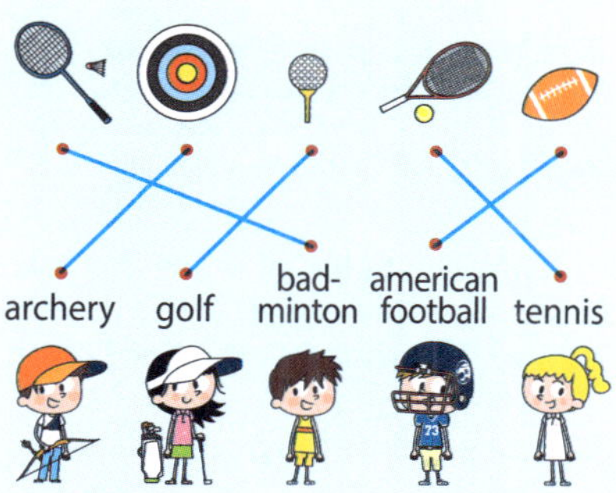

❹

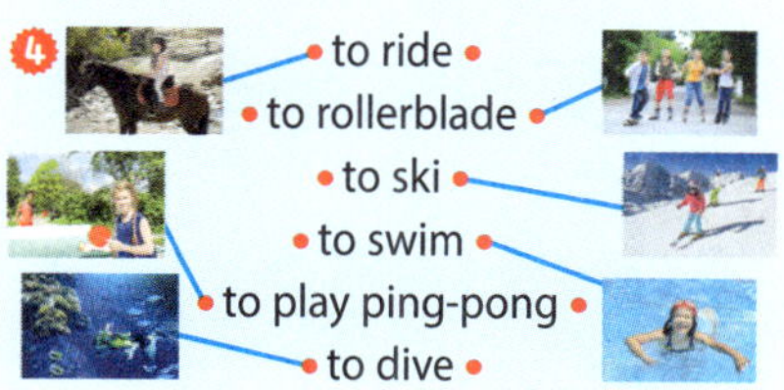

3. Fiers de leur record ! .... p. 12

❶ Il faut relier :
Animal le plus lourd : la baleine – Oiseau le plus rapide : le faucon pèlerin – Plus gros oiseau : l'autruche.

❷ L'œuf d'autruche est énorme.

L'enfant peut lire les mots oralement et composer la phrase avant de l'écrire.

❸ rose/autruche/rideau/vélo/château/sabot/chapeau/jaune/saucisson.
Une **autruche** sur son **vélo**, qui porte un **chapeau jaune** (ou **rose**) sur la tête, c'est étrange !

Il vaut mieux écrire la phrase au crayon noir pour pouvoir gommer et rectifier en cas d'erreur.

❹ Il faut entourer **2 œufs** et **5 plumes**.

❺ Il faut mettre une croix sous « 1 pomme » et une croix sous « 1 rôti ».

Un jeune enfant a parfois des représentations fausses. Pour lui, tous les objets gros (volumineux) sont lourds et les petits objets sont légers. On peut lui proposer de comparer deux objets en les soupesant : un ballon de plage et une boule de pétanque ou une bille en verre, par exemple.

❻ Il faut entourer **le poisson – la tortue – l'escargot – le perroquet.**

On peut rechercher oralement avec l'enfant d'autres animaux ovipares : le canard, la poule, la mouette, etc.

4. Chat en vacances ! .... p. 14

❶ • Hector est un chat. **V**
• Les chats n'aiment pas l'eau. **V**
• Hector aime les vacances. **F**
• Le coussin d'Hector est jaune. **F**
• Hector a trois copains dans son quartier. **V**

❷

	C				
C	H	I	E	N	
	A				
	T	I	G	R	E
				A	
				T	

Conseillez à votre enfant de remplir la grille au crayon noir pour pouvoir gommer et rectifier en cas d'erreur.

❸ **Le** chat joue avec **la** balle.
Les chatons dorment sur **les** coussins du canapé.
Quand **le** chat arrive, **l'**oiseau s'envole.

❹ • Il faut entourer : **6 + 4 + 10 + 8 + 2**.
• Il faut entourer : **30**.

5 10 + **5** = 15
20 + 6 = 26
29 + **3** = 32

6 Il faut colorier : **le chien** – **le chat** – **le tigre**.

On peut rechercher avec l'enfant d'autres carnivores : le lion, le léopard, la hyène, etc. et d'autres herbivores : la girafe, la chèvre, le cheval, etc.

5. 1, 2, 3, soleil ! .... p. 18

1 Il faut entourer : **Une bonne blague !** et **Le soleil est brûlant**.

2 **an :** mam**an** – les enf**an**ts – un goél**and** – un d**an**ger.
en : les **en**fants – les par**en**ts – le v**en**t.

3 Un coup de **tonnerre** annonce l'orage.
Un coup de **vent** soulève le sable.
Un coup de **soleil** brûle la peau.

Il existe encore bien d'autres coups. Demandez à votre enfant ce qu'est : un coup de balai, un coup de fil, un coup du sort, un coup d'arrêt, un coup dur, un coup de pouce, un coup d'œil, un coup de pédale et boire un coup. Faites-lui créer une petite bande dessinée pour illustrer chacun de ces coups. Ça vaut le coup !

4 Je suis le **soleil** !

Si votre enfant n'a pas trouvé le mot, regardez avec lui s'il a bien suivi les numéros.

5 **4** cubes – **3** pavés droits – **3** boules.

6

Faites travailler votre enfant sur **l'ordre chronologique**, en lui demandant de raconter sa journée, de redire (à sa façon) un conte que vous lui avez lu ou en lui faisant ordonner des photographies familiales.

6. Jusqu'au ciel .... p. 20

1 ciel (**4**) – terre (**5**) – voyage (**6**)
Plusieurs mots de **7** lettres possibles : **maillot** – **échelle** – **oiseaux**.

2 une chou**ette** – une mou**ette** – une hiron**delle** – une sauter**elle** – un ver de **terre**.

3 Terre – France – Paris – Lamine.

Conseillez à votre enfant de remplir la grille au crayon pour gommer et rectifier en cas d'erreur.

4 Il y a **5** poissons derrière le rocher.
12 – 7 = **5**

5 7 – 2 = **5**
5 – 3 = **2**
9 – 1 = **8**
10 – 5 = **5**

6 A**12** – B**4** – C**6** – D**8** – E**7**.
C'est l'échelle **B** qui a **le moins** de barreaux.
C'est l'échelle **A** qui a **le plus** de barreaux.

7 1.

Il est toujours bon de faire manipuler par votre enfant de nombreux plans pendant les vacances (plans de villes, de régions, cartes, etc.) et de lui faire tracer des trajets fléchés.

2. • La piscine et la maison de Zoé sont dans la même rue. – **Vrai**
• L'entrée du cinéma est en face de l'église. – **Faux**
• Il y a deux bassins à la piscine. – **Vrai**

Jeux d'anglais .... p. 22

1

2

3
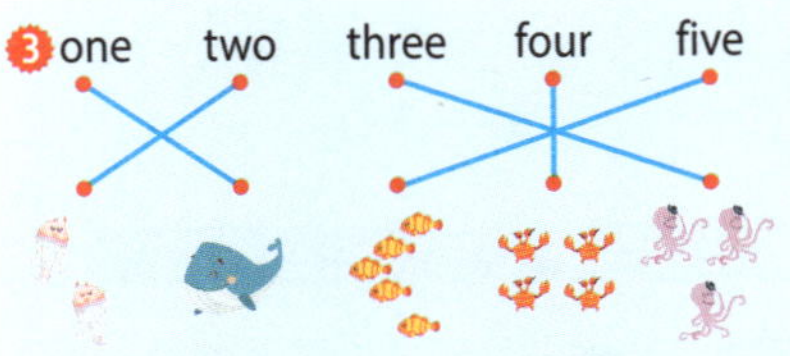

4 My name is Manon. I am a girl. I'm French. I am from Toulouse.

7. Mon petit frère .... p. 24

1 Il faut cocher : Hugo est un garçon. – Les enfants joueront aux Indiens dans la cabane.

2 On **a fait un grand château de sable sur la plage**.

L'enfant peut lire les mots oralement et composer la phrase avant de l'écrire. Conseillez aussi à l'enfant d'écrire la phrase au crayon noir pour pouvoir gommer et rectifier en cas d'erreur.

3 • le b**er**ceau – le j**ar**din – un trés**or** – un bijou en **or** – le coiff**eur**.
• **ra**pide – un escar**got** – un c**ra**be – une **ro**be.

4 • 20 €
• 67 €

Apprendre à l'enfant à compter la monnaie peut être un vrai jeu pour lui. Prenez de votre porte-monnaie les pièces de 5, 10, 20, 50 centimes, puis faites-le compter en groupant ou en additionnant les pièces de valeurs différentes. Laissez-le manipuler et composer des associations différentes pour compter.

5 10 + 6 + 20 + 6
30 + **12**
42

En cas de difficulté, il faut relire dans l'aide-mémoire l'Aide 20. Il est préférable d'écrire au crayon à papier car l'enfant va procéder par tâtonnements.

6 Léo a **2** ans. – Maman a **31** ans. – Grand-mère a **58** ans.

7
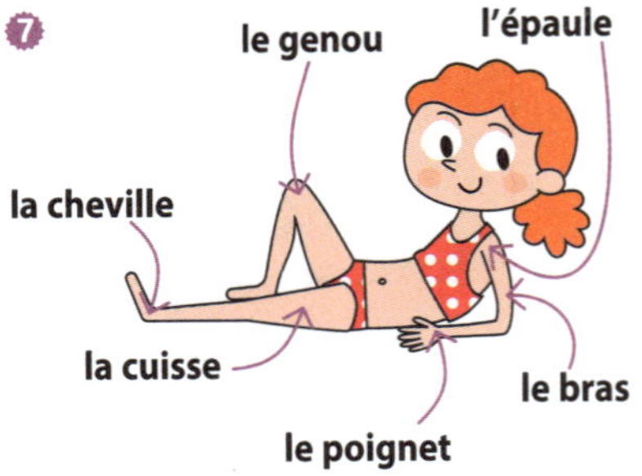

8. Allô ! Tu m'entends ? .... p. 26

❶ Il faut relier : Lucas à C. – Emma à D. – Enzo à A – Chloé à B.

❷ Il faut barrer : **un dauphin** – **un nuage**.

Pratiquez avec votre enfant le jeu « des listes ». Par exemple, chacun votre tour, donnez le nom d'un objet que l'on peut mettre sur la table pour le déjeuner : verre, assiette, couteau, etc.
Le premier qui ne trouve plus de mot à rajouter a perdu. C'est un jeu excellent pour enrichir le vocabulaire.

❸ le cuisinier/la cuisinière
le vendeur/la vendeuse
le chat/la chatte
le directeur/la directrice
le roi/la reine.

❹

			Poney Club	CAMPING
		×		
	×			
			×	
				×

Faites construire par votre enfant un tableau à double entrée de ses activités pendant la semaine. 7 colonnes (les jours) et 2 lignes (matin, après-midi).

❺

❻ Il faut relier le téléphone **n° 1** à : **il y a 30 ans** – le **n° 2** à : **aujourd'hui** – le **n° 3** à : **il y a 60 ans.**

9. Ohé ! matelots ! .... p. 30

❶ une **voiture** – un **bateau** – un **hélicoptère** – un **sous-marin**.

❷

❸ des **carottes** – des **poireaux** – des **navets** – des **tomates**.

❹ • **38 euros** : colorier **20** + **10** + **5** + **2** + **1**.
• **71 euros** : colorier **50** + **20** + **1**.
• **98 euros** : colorier **50** + **20** + **20** + **5** + **1** + **1** + **1**.

❺ C – D – B – E – A.

❻ 6 + 6 = **12**
7 + 7 = **14**
8 + 8 = **16**

❼ dans l'air l'aigle vole – dans l'eau le poisson nage – sur terre le kangourou saute – dans l'eau le cachalot nage – dans l'air l'abeille vole – sur terre la couleuvre rampe.

Jouez à « pigeon vole ». Citez des noms d'animaux et votre enfant doit dire s'ils volent ou ne volent pas.

10. Pluie ou soleil ? .... p. 32

❶ Relie A et 3, B et 2, C et 1.

❷ **la pluie** – **le nuage** – **l'orage** – **la neige** – **le soleil** – **le vent**

❸ • guêpe – chêne.
• manège – vipère.
• balai – raisin
• baleine – neige.

L'enfant peut prononcer chaque mot oralement avant de l'écrire : cela va l'aider pour associer les lettres qui forment le mot. Conseillez aussi à l'enfant d'écrire les mots au crayon noir pour pouvoir gommer et rectifier en cas d'erreur.

❹

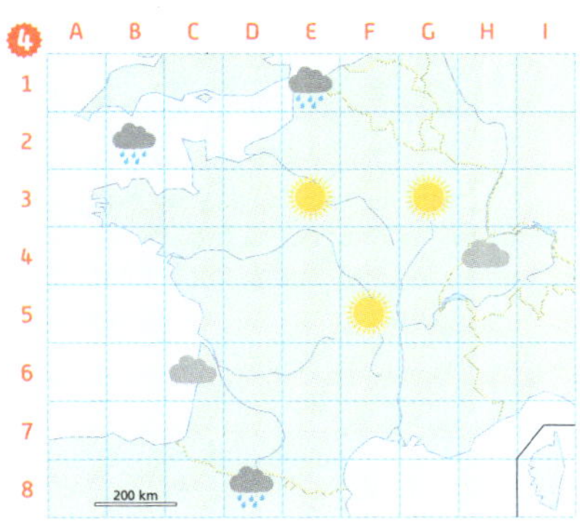

❺ 28 + 34 = **62**
45 + 26 = **71**

En cas d'erreur, allez voir avec l'enfant l'Aide 21, traitant de l'addition à retenue.

❻ Il faut colorier : **le maillot de bain** – **les sandales** – **la casquette** – **la robe à fleurs**.

Jeux d'anglais .... p. 34

❶ Hello ! My name is... (compléter avec le nom de l'enfant).

❷

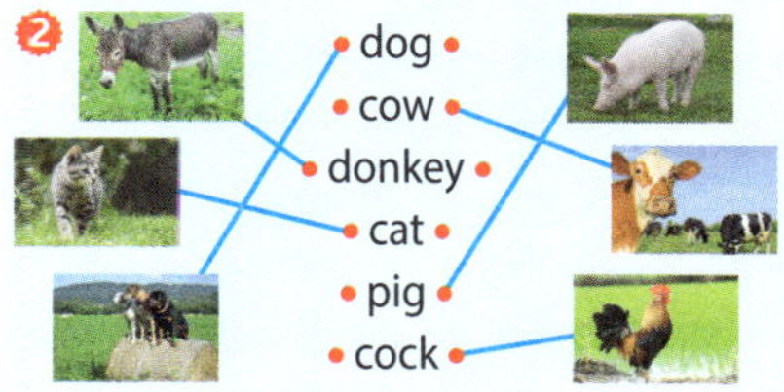

❸ • The cow eats grass.
• The hen and chicks eat seeds.
• The rabbit eats carrots.
• The farmer eats sandwiches.

❹ • Je fais peur aux oiseaux ! **I am a scarecrow.**
• On utilise ma laine pour faire des pulls. **I am a sheep.**
• On mange les œufs que je ponds. **I am a hen.**
• Je suis un véhicule utilisé par les paysans. **I am a tractor.**

11. Gare aux sorcières ! .... p. 36

❶ Il faut barrer : **un éléphant** – **un rat** – **un papillon** – **un crabe**.

❷ La sorcière s'est assise **pour** lire son grand livre de magie. Il y a beaucoup d'animaux **avec** elle. Le chat noir est **à côté** du fauteuil. Le corbeau est posé **sur** la cheminée. Le crapaud est **dans** un bocal.

❸ • la **s**oupe – la **s**alade – **s**alée – la **s**orcière.
• la ta**ss**e – le poi**ss**on.
• la sor**c**ière – la **c**erise.
• le gla**ç**on – un hame**ç**on.
• La **soupe** (ou la salade) de la **sorcière** est beaucoup trop **salée** !

❹ 10 + 10 + 3 < 25
10 + 5 = 6 + 9
90 + 7 > 89 + 1

Dites à votre enfant que le signe < est toujours ouvert du côté du plus grand nombre.

❺

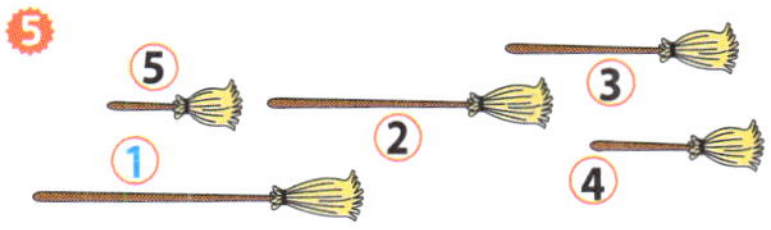

❻ Félicie ira pique-niquer avec les sorcières mardi et samedi midi. Le bal des sorcières aura lieu samedi soir. Félicie cueillera des champignons lundi et jeudi matin. Félicie fêtera l'anniversaire de Gertrude vendredi après-midi.

CORRIGÉS

12. C'est si bon de rêver ! ..... p. 38

1 Ce que je vois :
- par deux : **des avions et des ciels bleus**
- par trois : **des chats**
- par cinq : **des quilles de bowling**
- par un, qui fait cocorico : **un oiseau**

2 Il faut entourer : un **chien** – un **avion** – un **oiseau**.

3 · *Livre des rêves :* Une île magique – Mon ami l'enchanteur – Un soleil d'or.
· *Livre des cauchemars :* La nuit des fantômes – Prisonniers des sorciers – L'araignée géante.

4 douze : **12** – seize : **16** – dix-huit : **18** – soixante-huit : **68** – soixante-douze : **72** – quatre-vingt-deux : **82** – quatre-vingt-seize : **96**

5 Il y a **14** avions.

6 Il y a **25** quilles.

L'enfant peut s'aider en entourant des groupes de 5 quilles.

7 Il faut relier : du **gruyère** à la **souris** – voler comme **Dumbo** à l'éléphant – un **gros os** au **chien** – un **chasseur** au **lapin**. Il faut entourer : **le lapin**.

13. De toutes les couleurs ! .... p. 40

1 Il faut entourer : **rouge** – **vert** – **jaune** – **violet** – **indigo (bleu foncé)** – **orange** – **bleu**.

2 orange – coquelicot – chapeau – montagne.

3 le jard**in** – **im**possible – une d**in**de – le chem**in**.

En cas d'erreur ou d'hésitation, on peut vérifier avec l'enfant dans l'aide-mémoire l'Aide 6.

4 Hugo a **15** billes. – Chloé a **12** billes. – Lucas a **20** billes.

L'enfant peut se tromper dans le comptage. On peut lui suggérer de cocher les billes avec son crayon au fur et à mesure de son comptage, pour vérifier qu'aucune bille n'a été oubliée ou comptée deux fois.

Il faut entourer : pour **Hugo**, 15 + 5 = 20 ; pour **Chloé**, 12 + 2 = 14 ; pour **Lucas**, 20 – 7 = 13.

5
Il faut que votre enfant compare son dessin avec le modèle. Conseillez-lui de tracer d'abord au crayon noir pour pouvoir gommer en cas d'erreur.

6 **Alexis** : chemin rouge, **Jade** : chemin bleu.

Il est toujours bon de faire manipuler par votre enfant de nombreux plans, pendant les vacances (plans de villes, de régions, cartes, etc.).

14. Étranges dragons ! .... p. 44

1 « Je ressemble à un gros **lézard**. J'ai des ailes et des **griffes**. Je **crache** du **feu** et de la **fumée**. »

L'enfant peut composer les phrases du texte avant de les compléter. Conseillez aussi à l'enfant d'écrire au crayon noir pour pouvoir gommer et rectifier en cas d'erreur.

2 Il faut souligner : **dragon** – **animal** – **orages**.

3 · un **dr**agon – une **cr**êpe – une **cr**avate – une **pr**une – un **fr**omage – Il est **dr**ôle.
· Un **dragon** qui porte une **cravate** un jour de fête, voilà une **drôle** d'histoire !
· Verbe à souligner : **porte**.

4 9 + 10 + 10 + 10 = **39**
10 + 20 + 3 + 10 + 20 = **63**
5 + 10 + 10 + 10 + 2 = **37**

En cas de difficulté, on peut aider l'enfant en lui montrant que l'on peut changer l'ordre des nombres dans une addition – ce qui ne changera pas le résultat. Exemple : 5 + 10 + 10 + 10 + 2 = 37 se compte plus facilement ainsi : 10 + 10 + 10 + 5 + 2 = 37.

5

6 Il faut relier : la **fée** à la **baguette magique** – le **dragon** au **feu** – la **sorcière** au **balai** – le **Chat botté** aux **bottes**.

15. Un gros nez rouge .... p. 46

1 **pantalon** rime avec **plafond** – **savates** rime avec **gratte**.

2 Assis dans ma **baignoire**.
Et c'est **rigolo**.

3 Sur la semelle de **gauche** : œuf – vœu – cœur. Sur la semelle de **droite** : yeux – bleu – cheveu.

4 Il faut colorier en bleu : Ses yeux sont coquins. – Il fait un large sourire. – Il a le nez rouge. Les autres phrases sont pour le clown blanc.

Proposez à votre enfant les portraits de deux animaux mélangés, puis faites-lui reconstituer chacun d'eux.

5 C'est le dessin **2** qui convient.

6

7 On peut visiter la ménagerie à 9 h, 9 h 30, 10 h, **10 h 30**, 11 h, 11 h 30 et **12 h**.

8

un équilibre – une roue – une roulade

16. Quelle belle plage ! .... p. 48

1 Soudain, le pilote aperçoit un homme en maillot de bain.

2 Il faut barrer chez **ION** : **du foin** – chez **OIN** : **un avion**.

3 · Je suis un **dromadaire**.
· Je suis un **cactus**.
· Je suis une **oasis**.

4

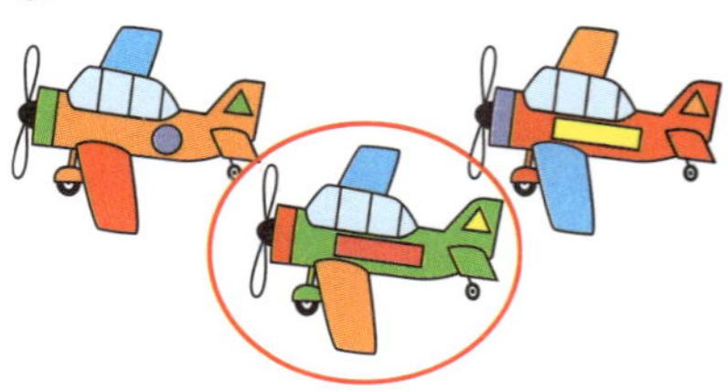

5

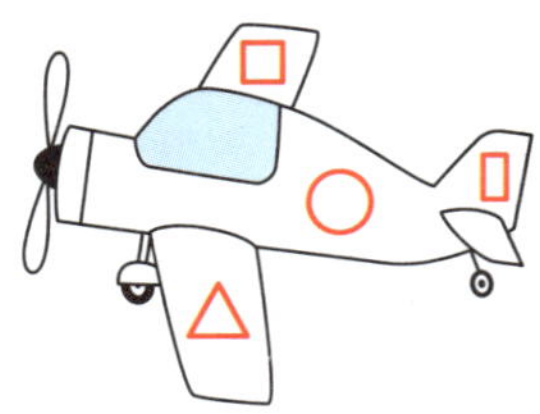

6

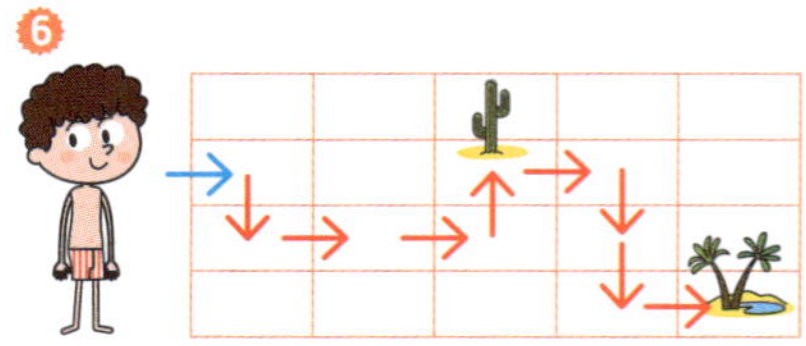

Proposez à votre enfant l'exercice inverse : un trajet tracé dans un quadrillage à transformer en alignement de flèches.

7 Il faut relier : **tente berbère** à **désert** – **igloo** à **banquise** – **maison aux murs de terre** à **village d'Afrique** – **yourte** à **steppes d'Asie** (situées en Mongolie, au nord de la Chine).

Jeux et activités

Coquillages et crustacés ....pp. 16-17

• **Dans les profondeurs** (p. 16)

1. Il fallait flécher dans ce sens : la crevette ⟶ le poisson ⟶ le phoque ⟶ le requin.

2. Il y a 24 poissons.

3. Il fallait trouver : hippocampe et anémone.

• **Le jeu protecteur** (p. 17)

Il fallait entourer : la crème solaire – les lunettes de soleil – la casquette.

En pleine nature........................pp. 28-29

• **Le jeu des silhouettes** (p. 29)

1. un singe – **2.** un hippopotame – **3.** un lion.

La nature extraordinaire ...... pp. 42-43

• **Vol champêtre** (p. 42)

Paires de papillons : 4 – paires de coccinelles : 6.

• **Le jeu de la métamorphose** (p. 43)

L'ordre de transformation est 1, 4, 3 et 2.

IL TE FAUT

- une feuille cartonnée
- 1 crayon
- 1 règle
- des ciseaux

INFO

Le tangram

Le tangram, d'origine chinoise, est un jeu de réflexion un peu comme un puzzle.
Il s'agit de reconstituer une forme (animal, forme géométrique...) à partir de 7 pièces.

Le jeu du tangram

1. Reproduis le dessin ci-contre sur la feuille cartonnée. Commence par tracer le carré, puis les lignes pointillées. (Si tu le souhaites, colorie chaque partie du dessin d'une couleur différente.)
2. Découpe les 7 pièces en suivant les pointillés.
3. Reconstitue les 4 animaux ci-dessous.

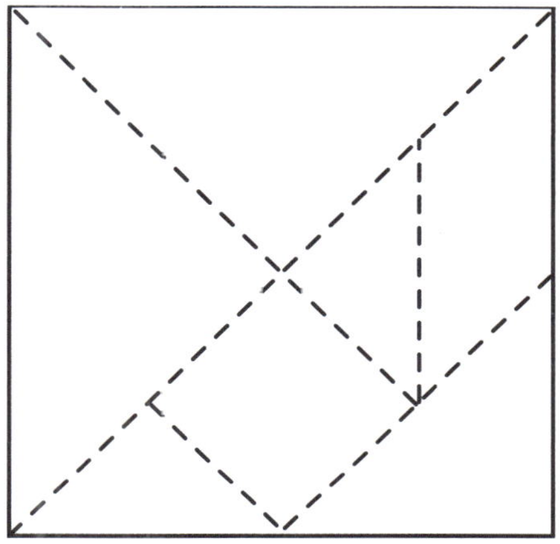

le kangourou

le lapin

l'oiseau

le chameau

Le jeu des silhouettes

Devine quel animal se cache derrière chaque silhouette.

1. ....

2. ....

3. ....

Solution du jeu page 7 des corrigés.

ASTUCE !

Si tu n'as pas de dé pour jouer :

1. Écris les chiffres 1 à 6 sur 6 cartons ou 6 galets de mêmes dimensions.
2. Mets ces cartons ou galets dans un sac.

3. Chaque joueur pioche 1 carton ou 1 galet quand vient son tour.

Ohé !

Trois matelots se rencontrent.

« Notre bateau est si grand, dit le premier, qu'il faut une voiture pour aller d'un bout à l'autre.

– Le mien, c'est encore mieux, dit le deuxième : nous avons un hélicoptère pour le traverser tout entier. »

Et le troisième réplique :

« Eh bien ! sur le mien, le cuisinier a un sous-marin pour aller voir au fond de la marmite si les carottes sont cuites. »

As-tu bien lu ?

1 Réponds à ces devinettes et vérifie l'orthographe de tes réponses dans le texte.

Elle roule.

une ....

Il flotte.

un ....

Il vole.

un ....

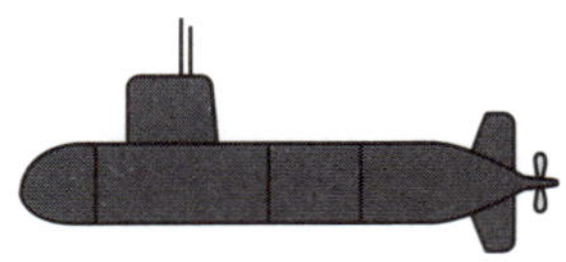

Il plonge.

un ....

Français

2 Lis les mots, puis entoure ce qu'ils représentent sur le dessin.

AIDE 8 Page 50

hameçon – hélice – héron – hublot – hamac – homme

3 Remets les lettres dans le bon ordre et tu trouveras les légumes qui cuisent dans ces marmites.

des ....

des ....

des ....

des ....

matelots !

Maths

4 Pour se déplacer sur leurs navires, les trois matelots font des achats.

Le premier dépense 38 euros.

Le deuxième dépense 71 euros.

Le troisième dépense 98 euros.

Colorie les billets et les pièces dont chacun a besoin pour payer son achat.

10 10 20 5 5 1 2 1

50 50 10 2 20 20 10 1

1 50 50 20 10 20 5 1 1 1

5 Range ces navires du plus court au plus long.

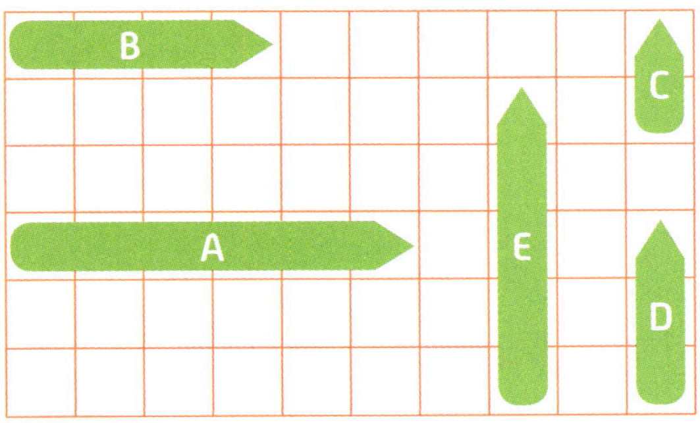

C, ..., ..., ..., ...

6 Calcule.

AIDE 19 Page 54

5 + 5 = 10

6 + 6 = ...

7 + 7 = ...

8 + 8 = ...

Devinette

Regarde ces dessins.
Qu'est-ce qui te paraît étrange ?

Réponse : L'arbre sur le sous-marin, la jupe sur le poisson et l'absence d'ailes sur l'avion.

Sciences

7 Chacun sa route

AIDE 36 Page 56

Relie les puces pour dire où et comment se déplacent ces animaux.

dans l'air •	• l'aigle •	• vole
dans l'eau •	• le poisson •	• nage
sur terre •	• le kangourou •	• saute
	• le cachalot •	• rampe
	• l'abeille •	
	• la couleuvre •	

Pluie

A

B

C

1 Blanc ou gris,
Pas de souci.
Poussé par le vent,
En avant !

2 Douce ou battante,
Quelquefois violente :
Sortez les parapluies !

3 Brûlant ou radieux,
Je fais beaucoup d'heureux.
De mon lever à mon coucher,
Belle journée pour les vacanciers !

1 As-tu bien lu ?

Relie chaque texte à l'image qui lui correspond.

Français

2 Voici les symboles que tu peux voir sur une carte de la météo.

Écris sous chaque symbole le nom qui lui correspond.

l'orage – le nuage – le soleil – la neige

la pluie

....

....

....

....

le vent

3 **Écris sous chaque dessin le mot qui lui correspond, en utilisant toutes les lettres.**

AIDE 5 Page 50

 e p g u ê

la ....

 n c h ê e

le ....

 m è g e a n

le ....

 è r e i v p

la ....

 l i a b a

le ....

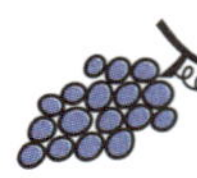 a s i r n i

le ....

 b e i a l n e

la ....

 g e e n i

la ....

ou soleil ?

Rébus

Réponse : parapluie (pas – rat – pluie).

Tu as fini ?

10

BRAVO !
Colle ici ton étoile

Maths

4 **Quel temps fera-t-il demain sur le lieu de nos vacances ?**

(B,2) Il pleut. (G,3) Il fait beau.

Dessine les autres symboles au bon endroit sur la carte.

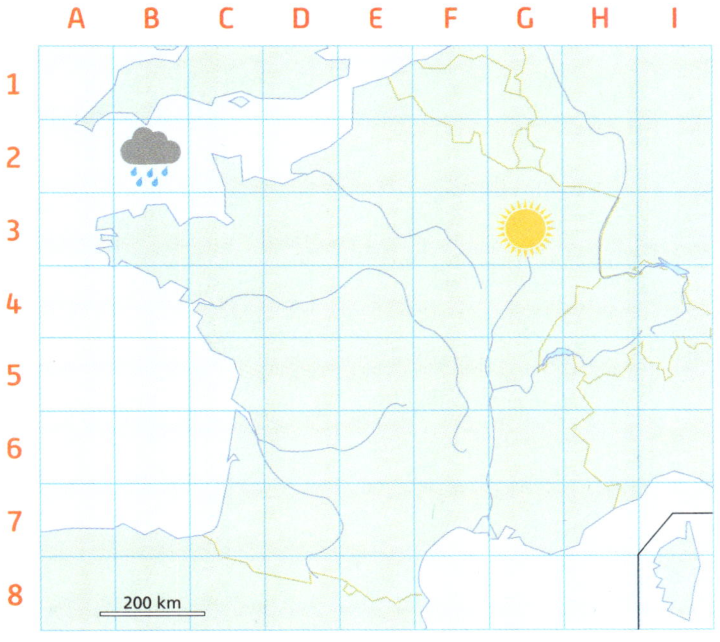

→ (E,3) → (F,5)
→ (C,6) → (D,8)
→ (H,4) → (E,1)

5 **Complète ces deux additions.**

AIDE 21 Page 53

$$\begin{array}{r} 2\ 8 \\ +\ 3\ 4 \\ \hline = \dots\ \dots \end{array} \qquad \begin{array}{r} 4\ 5 \\ +\ 2\ 6 \\ \hline = \dots\ \dots \end{array}$$

Sciences

6 Les vêtements d'été sont légers et laissent passer l'air. Les vêtements d'hiver sont chauds et protègent du froid.
Colorie les vêtements que l'on porte en été quand il fait beau et très chaud.

JEUX d'anglais

The farm

La ferme

1 Qui es-tu ? **Comme ce fermier, présente-toi. Complète la phrase et lis-la à voix haute.**

Hello! My name is Mister Macdonald. I am the farmer. And you?

Bonjour ! Mon nom est Monsieur Macdonald. Je suis le fermier. Et toi ?

Hello! My name is ……………………………….

Dessine-toi dans ce cadre !

2 À chacun son cri **Relie le nom de l'animal à la photo correspondante. Le cri de l'animal (en bleu) t'aidera à le retrouver.**

- dog (bow wow)
- cow (moo moo)
- donkey (hee-haw)
- cat (meow meow)
- pig (oink oink)
- cock (cock-a-doodle-do)

PISTE 3

Écoute l'anglais
de ces jeux sur notre site
www.hachette-education.com

3 Qui mange quoi ? **Observe le dessin et complète les phrases en anglais.**

The cow eats ....

The hen and chicks eat ....

The rabbit eats ....

The farmer eats ....

4 Qui suis-je ? **À l'aide des définitions en français, trouve le nom en anglais de chaque élément.**

Vocabulary
Vocabulaire

Hen	Poule
Scarecrow	Épouvantail
Sheep	Mouton
Tractor	Tracteur

- **Je fais peur aux oiseaux !**

I am a ....

- **On utilise ma laine pour faire des pulls.**

I am a ....

- **On mange les œufs que je ponds.**

I am a ....

- **Je suis un véhicule utilisé par les paysans.**

I am a ....

Gare aux

1 As-tu bien observé ?

Barre les noms des animaux que tu ne vois pas sur l'image avec la sorcière.

un corbeau – un éléphant –
un crapaud – un rat –
une araignée – un chat noir –
deux chauves-souris –
un papillon – un crabe – un hibou

Français

2 Regarde l'image ci-dessus, et complète les phrases avec les mots suivants.

AIDE 12 Page 51

avec – sur – dans – pour – à côté

La sorcière s'est assise .... lire son grand livre de magie. Il y a beaucoup d'animaux .... elle.

Le chat noir est .... du fauteuil.

Le corbeau est posé .... la cheminée.

Le crapaud est .... un bocal.

3 Complète les mots avec les lettres s, ss, c, ç.

AIDE 4 Page 50

s → la ....oupe, la ....alade, ...alée, la ....orcière

ss → la ta..........e, le poi..........on

c → la sor..........ière, la ....erise

ç → le gla..........on, un hame..........on

Choisis trois mots pour compléter cette phrase.

La .... de la ....

est beaucoup trop .... !

11
BRAVO !
Colle ici ton étoile

sorcières !

Maths

AIDE 25 Page 54

4 Complète avec >, ou <, ou =.

25 + 3 > 18 + 5 10 + 10 + 3 .... 25 10 + 5 .... 6 + 9 90 + 7 .... 89 + 1

5 Classe les balais du plus long au plus court.

Le plus long est le numéro 1. Continue en plaçant les numéros 2, 3, 4 et 5.

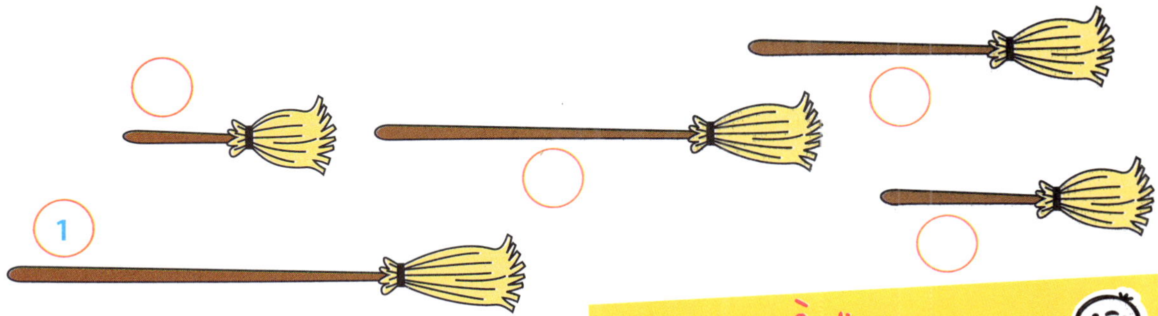

À dire

Essaie de dire très vite, trois fois de suite :
« La sorcière a chauffé son chaudron à soupe. »

Le temps

AIDE 30 Page 55

6 Félicie la sorcière a beaucoup de choses à faire cette semaine.

	Lundi	Mardi	Mercredi	Jeudi	Vendredi	Samedi	Dimanche
Matin	Cueillette des champignons			Cueillette des champignons			
Midi		Pique-nique des sorcières				Pique-nique des sorcières	
Après-midi			Promenade en balai		Anniversaire de Gertrude		Promenade en balai
Soir						Bal des sorcières	

Complète chaque phrase avec le nom des jours qui correspondent à l'emploi du temps de Félicie : lundi, mardi, mercredi, jeudi, vendredi, samedi, dimanche.

Félicie ira pique-niquer avec les sorcières mardi et .... midi.

Le bal des sorcières aura lieu .... soir.

Félicie cueillera des champignons .... et .... matin.

Félicie fêtera l'anniversaire de Gertrude .... après-midi.

C'est si

Vois-tu ce que je vois ?
Cinq quilles de bowling,
un trombone,
deux avions,
une fusée,
un os, un domino,
un chien qui dort,
un papillon,
trois chats,
une grenouille,
un soleil doré,
deux ciels bleus,
un oiseau qui fait cocorico !
Il faut se réveiller !

D'après Walter Wick, *La Machine à rêver : vois-tu ce que je vois ?*, traduction Pierre Bonhomme, coll. « Millepages », Paris, 2005.

1 As-tu bien lu ?

Retrouve dans le texte ce que je vois…

par deux : ....

et ....

par trois : ....

par cinq : ....

par un, qui fait cocorico : ....

Français

2 Entoure le bon mot.

un chnie / chien

un avion / avnoi

un ioseau / oiseau

3 Relie chaque page déchirée à son livre.

bon de rêver !

12
BRAVO !
Colle ici ton étoile

Maths

4 Écris ces nombres en chiffres.

AIDE 17 Page 52

douze : .... seize : .... dix-huit : .... soixante-huit : ....

soixante-douze : .... quatre-vingt-deux : .... quatre-vingt-seize : ....

5 Compte de 2 en 2 et écris le nombre total d'avions.

Il y a .... avions.

6 Compte de 5 en 5 et écris le nombre total de quilles.

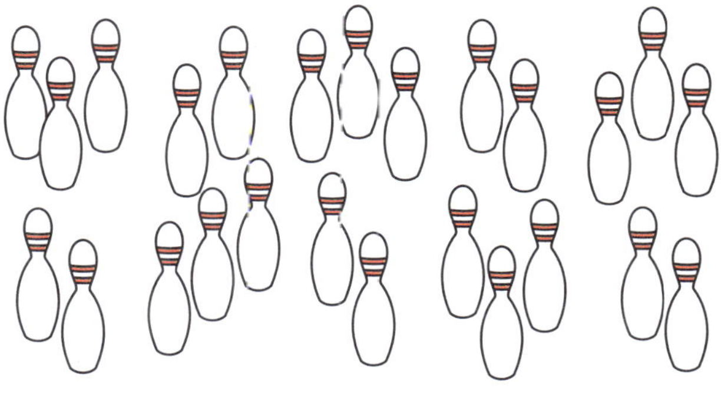

Il y a .... quilles.

À quoi rêve-t-il ?

Réponse : un déjeuner au lit (1 – dé – jeux – nez – eau – lit)

Sciences

7 À quoi rêvent-ils ?

Les animaux rêvent aussi. À quoi ? Personne ne le sait, mais on peut l'imaginer…
Relie chaque animal à son rêve et entoure celui qui fait un cauchemar.

le chien •	• du gruyère
le lapin •	• voler comme Dumbo
la souris •	• un gros os
l'éléphant •	• un chasseur

De toutes

Après la pluie, tu m'as peut-être déjà vu dans le ciel, où je dispose mes sept couleurs en forme d'arc.

1 L'arc-en-ciel a sept couleurs. **Entoure dans la liste les sept couleurs que tu vois.**

rouge – gris – vert – jaune – blanc – violet – marron – indigo (bleu foncé) – rose – orange – bleu

Devinette

Je suis la seule couleur de l'arc-en-ciel qui est aussi le nom d'un fruit. Quel est mon nom ?

Réponse : une orange.

Français

2 Voyelles

⚫ A noir
⚪ E blanc
🔴 I rouge
🟢 U vert
🔵 O bleu
Voyelles !

Début d'un poème d'Arthur Rimbaud.

Les taches ont remplacé les voyelles. **Recherche les lettres manquantes et écris le mot en entier.**

Exemple : s⚫p🔴n → sapin

🔵r⚫ng⚪ → ……………

c🔵q🟢⚪l🔴c🔵t → ……………

ch⚫p⚪⚫🟢 → ……………

m🔵nt⚫gn⚪ → ……………

3 Colorie la bonne case pour former un mot.

AIDE 6 Page 50

le jard [in / im]

[in / im] possible

une d [in / im] de

le chem [in / im]

les couleurs !

Maths

4 Les enfants ont mélangé toutes leurs billes.
Toutes les billes bleues sont à Hugo,
toutes les billes jaunes sont à Chloé,
toutes les billes rouges sont à Lucas.
Compte les billes de chaque enfant et complète.

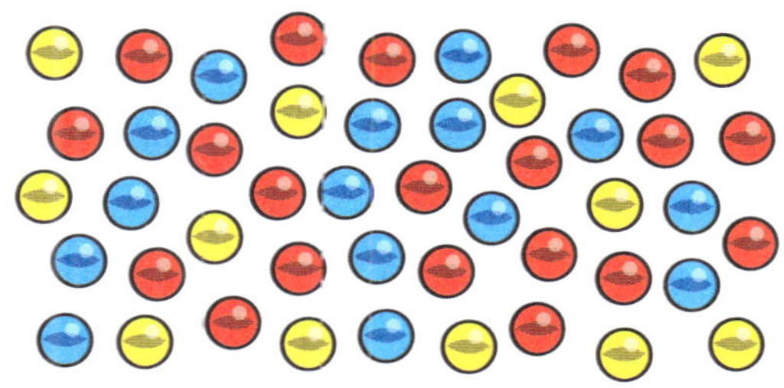

Hugo a .... billes. Chloé a .... billes. Lucas a .... billes.

Après un jeu, Hugo a gagné 5 billes en plus, Chloé a gagné 2 billes en plus et Lucas a perdu 7 billes.
Combien chacun a-t-il de billes maintenant ? Entoure les bonnes réponses.

Hugo a :	$15 + 5 = 20$	$10 + 15 = 25$
Chloé a :	$12 - 2 = 10$	$12 + 2 = 14$
Lucas a :	$20 - 7 = 13$	$20 + 7 = 27$

5 **Continue à tracer le pantin rieur sur le quadrillage.**

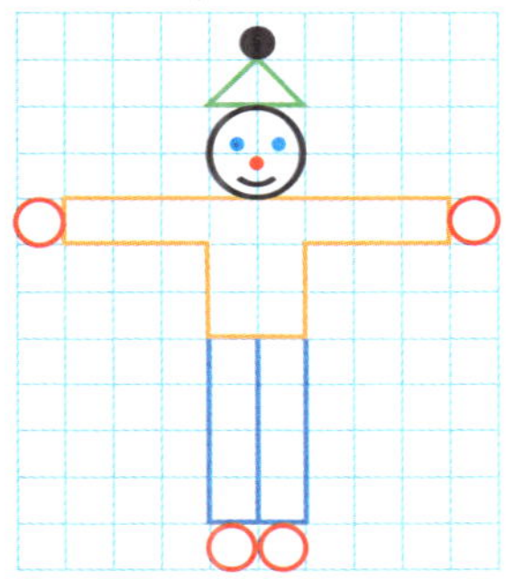

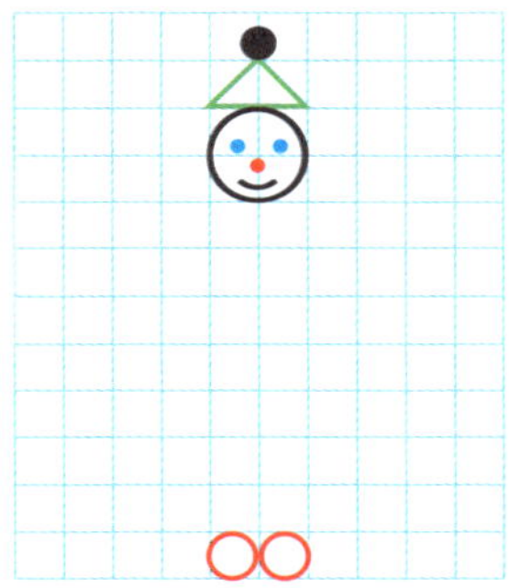

L'espace

6 Alexis et Jade doivent se retrouver sur la piste de roller qui se trouve au bout du parc. **Observe leurs trajets en rouge et bleu sur le plan, puis écris pour chaque enfant la couleur du chemin qu'il a pris.**

AIDE 32 Page 55

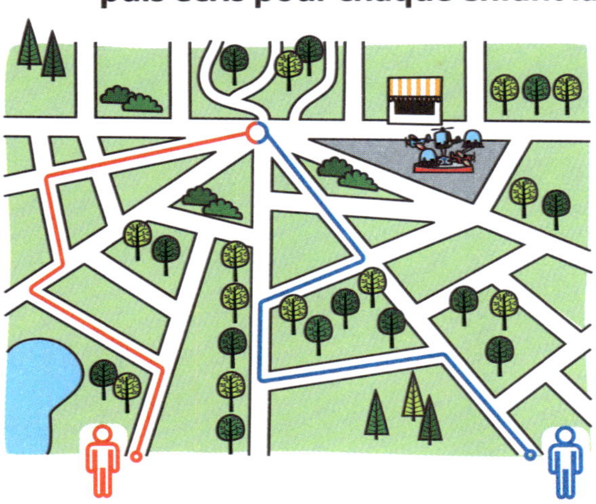

J'ai tourné à gauche, à droite, à gauche et à droite.

Alexis

Couleur : ....

J'ai tourné à gauche, à droite, à droite et à gauche.

Jade

Couleur : ....

La nature

VOL CHAMPÊTRE

1. Avec des crayons de différentes couleurs, colorie de la même couleur les papillons identiques, puis fais la même chose avec les coccinelles. Fais bien attention aux détails.

2. Compte le nombre total de paires de papillons et de coccinelles que tu as coloriés.

Paires de papillons ☐ Paires de coccinelles ☐

extraordinaire

IL TE FAUT

- 1 banane, 1 cerise, 1 kiwi
- 1 rouleau de réglisse
- du chocolat fondu
- de la chantilly
- 4 biscuits « éventails »
- 8 bonbons au chocolat colorés

Recette

Papillon multicolore

INFO

Le papillon

Plusieurs étapes sont nécessaires avant que cet insecte soit appelé « papillon ».

De l'œuf sort une chenille. Puis la chenille s'entoure progressivement d'une carapace : c'est la chrysalide. À l'intérieur de ce « cocon », la chenille va doucement se transformer pour devenir un superbe papillon.

Pour réaliser ce joli papillon, dispose sur une assiette, en t'aidant du modèle, les différents ingrédients. Demande à un adulte de te préparer le chocolat fondu.

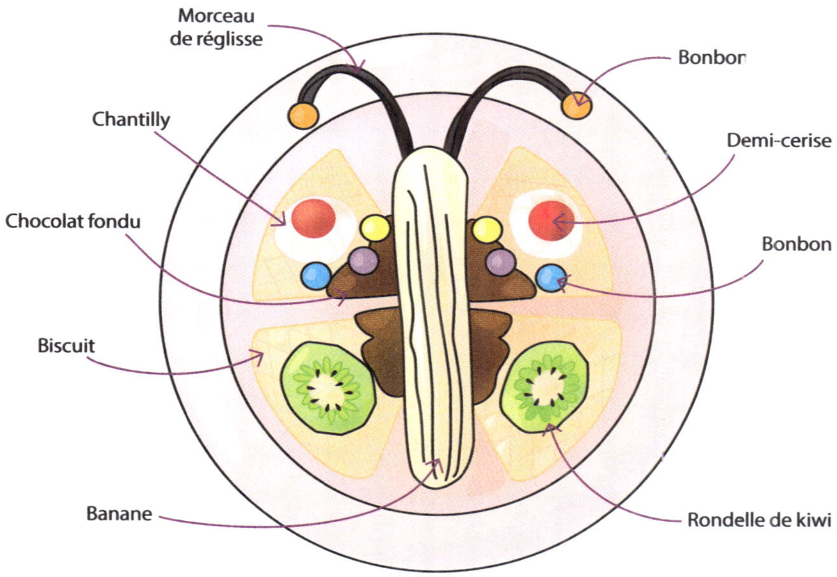

Le jeu de la métamorphose

Remets dans l'ordre les étapes de la transformation de la chenille.

1 œuf
2 papillon
3 chrysalide
4 chenille

Solution du jeu page 7 des corrigés.

ASTUCE !

Des décors sur tes gâteaux

1. Achète de la pâte d'amande de différentes couleurs.
2. Fais des boules, des ficelles, des pastilles ou réalise des fleurs (marguerites, roses...) ou des petits animaux (souris, coccinelles...).

Étranges

1 As-tu bien observé ?

Que dit le dragon ? Complète le texte avec les mots.

griffes – lézard – fumée – crache – feu

« Je suis un dragon.

Je ressemble à un gros ....

J'ai des ailes et des ....

Je .... du ....

et de la .... »

Français

2 Souligne dans le texte ci-dessous les quatre mots que tu vois dans la grille (un mot a déjà été souligné).

				d				c	
				r				h	
a	n	i	m	a	l			i	
				g				n	
				o	r	a	g	e	s
				n					

Le dragon est un animal imaginaire. En Chine, on croyait autrefois que les orages, les coups de tonnerre et les éclairs étaient provoqués par des batailles de dragons.

3 Complète les mots avec dr, fr, cr, pr.

AIDE 10 Page 51

un ....agon une ....êpe

une ....avate une ....une

un ....omage Il est ....ôle.

Puis complète la phrase avec trois de ces mots, et souligne le verbe.

Un .... qui porte

une .... un jour de fête,

voilà une .... d'histoire !

dragons !

Le sais-tu ?

En Chine, on organise chaque année une grande fête du Dragon : le jour du Nouvel An chinois.

14

BRAVO !
Colle ici ton étoile

Maths

4 Calcule et complète ces additions.

Ex. : 10 + 5 + 10 = 25

9 + 10 + 10 + 10 = ...

10 + 20 + 3 + 10 + 20 = ...

5 + 10 + 10 + 10 + 2 = ...

5 Trace le chemin du chevalier qui doit rejoindre son château en évitant les dragons redoutables !

Logique

6 Personnages et animaux imaginaires

Relie chacun à ce qui lui appartient.

Un gros

C'est moi le clown

« J'ai un gros nez rouge
Des traits sous les yeux
Un chapeau qui bouge
Un air malicieux
De grandes savates
Un grand pantalon
Et quand je me gratte
Je saute au plafond. »

As-tu bien lu ?

1 **Complète avec les mots du texte.**

Ex. : rouge rime avec *bouge*

- *pantalon* rime avec ....
- *savates* rime avec ....

2 **Complète avec : baignoire – rigolo**

J'ai des lèvres noires.

Je joue du saxo.

Assis dans ma ....

Et c'est ....

Français

3 **Observe les mots sur chaque savate et écris les mots suivants sur la bonne semelle :**

AIDE 7 Page 50

œuf – yeux – bleu – vœu – cheveu – cœur

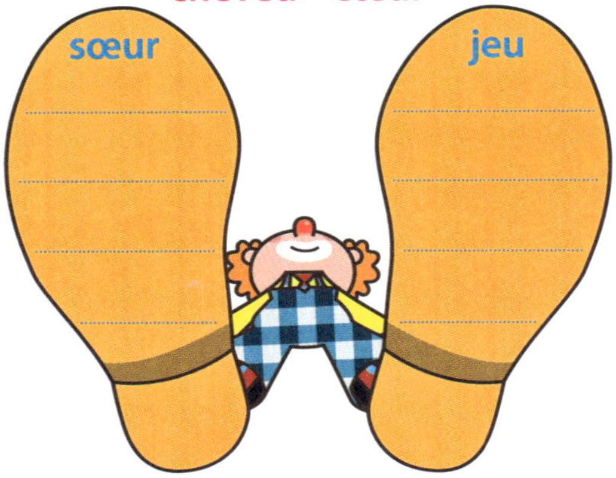

4 **Colorie en bleu les phrases qui font le portrait de l'auguste.**

Un clown blanc

Il porte un col bleu.
Ses yeux sont coquins.
Son visage est blanc.
Il fait un large sourire.
Il a l'air triste.
Il a le nez rouge.

Un auguste

nez rouge

Maths

5 **Entoure le dessin ① ou ② qui convient pour continuer cette suite :**

6 **Colorie les ballons comme te l'indique le tableau .**

7 **Complète l'écriteau.**

On peut visiter la ménagerie du cirque toutes les demi-heures dans la matinée, de 9 h à 12 h.

Visite de la ménagerie
9 h
9 h 30
10 h
.... h ....
11 h
11 h 30
....

Devinette

Devine la syllabe sur laquelle le clown a posé son nez et lis la phrase.

Mon po● porte un bon● toute la jour●.

Réponse : Mon poney porte un bonnet toute la journée.

Gymnastique

8 Observe le clown qui fait l'acrobate.
Écris ce qu'il fait sous chaque dessin.

- un équilibre
- une roue
- une roulade

....

....

....

Si tu es bon(ne) en gymnastique, tu peux l'imiter (sur la plage ou sur l'herbe).

Quelle

Un avion survole le désert.
Soudain, le pilote aperçoit un homme en maillot de bain qui marche sur le sable.

Il lui crie :

« Êtes-vous perdu ?

– Non, je vais me baigner.

– Mais la mer est au moins à 100 kilomètres d'ici.

– Quelle grande plage ! »

1 As-tu bien lu ?

Retrouve les mots cachés par le sable et recopie la phrase.

Soudain, le pilote aperçoit un homme en maillot de bain.

Français

2 Lis les enseignes et barre sous chaque tente ce qu'on ne peut pas y trouver.

AIDE 14 Page 51

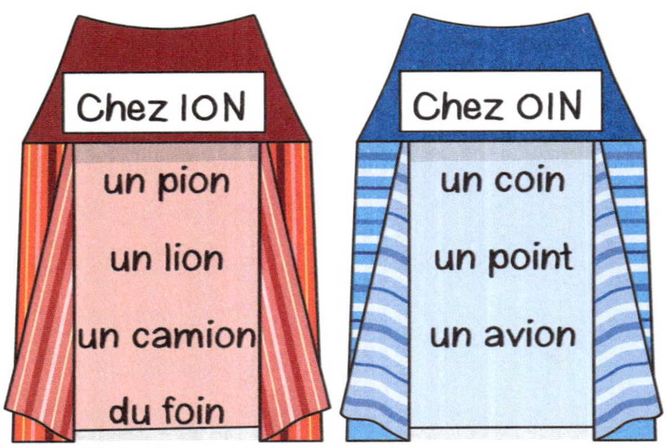

3 La réponse de chaque devinette est écrite ci-dessous. Recopie-la.

cactus – oasis – dromadaire

- Je n'ai qu'une seule bosse.

Je suis un ....

- J'ai de grandes épines.

Je suis un ....

- Je suis très recherchée dans le désert.

Je suis une ....

belle plage !

Tu as fini ?

16

BRAVO !
Colle ici ton étoile

Maths

4 Entoure l'avion d'après sa description.

AIDE 27 Page 54

Mon aile droite est bleue.
Un triangle est dessiné sur ma queue et un grand rectangle sur mon dos.

5 Termine le dessin de l'avion qui se décrit.

AIDE 27 Page 54

Un triangle est dessiné sur mon aile gauche, un carré sur mon aile droite, un rectangle sur ma queue et un cercle sur mon dos.

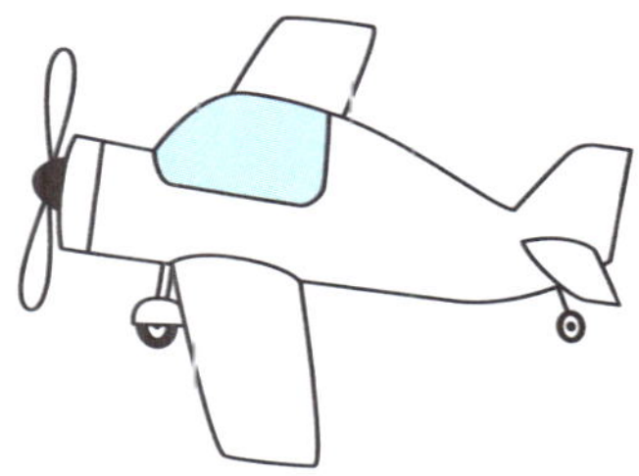

6 En suivant l'ordre des flèches, trace le trajet du garçon en maillot jusqu'à l'oasis.

→↓→→↑→↓↓→

Qu'est-ce que tu dis ?

« ga – cha – scor – zelle – meau – pion »
Les syllabes des noms de 3 animaux du désert ont été mélangées.
À toi de les retrouver.

Réponse : gazelle-chameau-scorpion.

L'espace

7 Différentes habitations

Relie chaque habitation traditionnelle au lieu où on peut la trouver.

tente berbère

igloo

maison aux murs de terre

yourte

village d'Afrique — désert — steppes d'Asie — banquise

Les hommes construisent leurs maisons selon le climat et leurs habitudes de vie.

AIDE-MÉMOIRE

Français

AIDE 1 — Les sons *an – en – on* *am – em – om*

Un même son peut s'écrire de plusieurs façons.

an	ou	en	on
une orange		une dent	un violon
une plante		les gens	un conte
am	ou	em	om
une framboise		longtemps	une ombre
			sombre

Attention ! on écrit m à la place de n devant les lettres b, m, p.

AIDE 2 — Les sons *o – ô – au – eau*

o zéro

ô un rôti – drôle

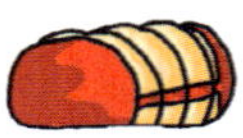

au un artichaut – jaune

eau l'eau – un berceau

AIDE 3 — Les sons *f – ff – ph*

f la feuille – la fusée

ff une affiche – le coiffeur

ph la pharmacie – le phare

AIDE 4 — Les sons *s – ss – c – ç*

s un serpent – un singe

ss une assiette – un message

c le pouce – la France

ç un garçon – français

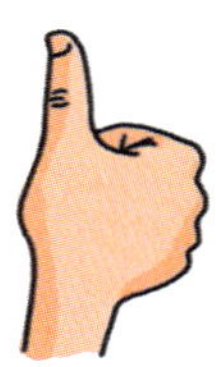

AIDE 5 — Les sons *è – ê – ai – ei*

è mon père – ma mère

ê la forêt – le vêtement

ai le lait – la laine

ei la neige – beige

AIDE 6 — Les sons *in – ain – ein*

in le lapin – le sapin

ain la main – le pain

ein la peinture – la ceinture

Attention ! on écrit m à la place de n devant les lettres b, m, p.

im un timbre – impossible

AIDE 7 — Les sons *eu – œu*

eu le feu – neuf – la pieuvre

œu un œuf – le cœur

AIDE 8 — Le *h*

La lettre h est muette : elle ne se prononce pas.

un hibou – un habit – une hache

Attention ! Le c avant le h donne ch :
chut ! – le chat – chaud
le p devant le h donne ph :
la phrase – le phare

Certains sons sont difficiles à lire.

AIDE 9 — Le *g* devant une autre consonne

g + r = gr — la grenouille – la groseille
g + l = gl — la glace – glisser
g + n = gn — une ligne – la campagne

AIDE 10 — Le *r* après une autre consonne

b + r = br — les bras – la brouette
c + r = cr — un crayon – écrire
d + r = dr — un dromadaire – une dragée
f + r = fr — la fraise – la France
p + r = pr — le premier – pratique

AIDE 11 — Les sons *ar – ra – er – re*

Attention à l'ordre des lettres ! On ne les lit pas de la même façon.

ar	ra
un artiste	une rame
un artichaut	rapide
er	**re**
un fer à repasser	une tirelire
	le retour

AIDE 12 — Les mots invariables

Certains mots s'écrivent toujours de la même façon. Il faut les connaître par cœur ou savoir les écrire sans modèle.

sur – sous – avec – sans – dans – pour – à côté – puis – toujours – mais – jamais – plus – moins…

AIDE 13 — Les sons *elle – èle – aile* *erre – ère – aire* *ette – ète – ête*

On entend les mêmes sons au bout des mots, mais ils ne s'écrivent pas de la même façon.

elle	èle	aile
une marelle	il gèle	les ailes
la vaisselle		
une échelle		
une pelle		
erre	**ère**	**aire**
la Terre	la première	une paire
le verre	la sphère	le maire
une pierre	la mère	
ette	**ète**	**ête**
une assiette	une cacahuète	la fête

AIDE 14 — *ion* ou *oin* ?

ion	oin
un pion	un point
un camion	un coin

AIDE 15 — La phrase

La phrase est un ensemble de mots que l'on utilise pour dire quelque chose. La phrase commence par une lettre majuscule et se termine par un point.

2 phrases :
Il fait beau. (phrase 1) On ira se baigner cet après-midi. (phrase 2)

AIDE 16 — La majuscule

Les noms propres qui désignent un lieu ou une personne unique commencent par une majuscule.

la Terre – monsieur Lamine

Les noms communs qui désignent plusieurs lieux, objets, ou personnes ne prennent pas de majuscule.

le maître – un village – l'océan

Maths

AIDE 17

Les nombres de 0 à 100

Les nombres des cases orange sont des nombres pairs.
Un nombre pair d'objets peut être partagé en deux paquets égaux.
Les nombres des cases rouges sont des nombres impairs.
Un nombre impair d'objets ne peut être partagé en deux paquets égaux. Il reste un objet en plus.

0 zéro	1 un	2 deux	3 trois	4 quatre	5 cinq	6 six	7 sept	8 huit	9 neuf
10 dix	11 onze	12 douze	13 treize	14 quatorze	15 quinze	16 seize	17 dix-sept	18 dix-huit	19 dix-neuf
20 vingt	21 vingt-et-un	22 vingt-deux	23 vingt-trois	24 vingt-quatre	25 vingt-cinq	26 vingt-six	27 vingt-sept	28 vingt-huit	29 vingt-neuf
30 trente	31 trente-et-un	32 trente-deux	33 trente-trois	34 trente-quatre	35 trente-cinq	36 trente-six	37 trente-sept	38 trente-huit	39 trente-neuf
40 quarante	41 quarante-et-un	42 quarante-deux	43 quarante-trois	44 quarante-quatre	45 quarante-cinq	46 quarante-six	47 quarante-sept	48 quarante-huit	49 quarante-neuf
50 cinquante	51 cinquante-et-un	52 cinquante-deux	53 cinquante-trois	54 cinquante-quatre	55 cinquante-cinq	56 cinquante-six	57 cinquante-sept	58 cinquante-huit	59 cinquante-neuf
60 soixante	61 soixante-et-un	62 soixante-deux	63 soixante-trois	64 soixante-quatre	65 soixante-cinq	66 soixante-six	67 soixante-sept	68 soixante-huit	69 soixante-neuf
70 soixante-dix	71 soixante-et-onze	72 soixante-douze	73 soixante-treize	74 soixante-quatorze	75 soixante-quinze	76 soixante-seize	77 soixante-dix-sept	78 soixante-dix-huit	79 soixante-dix-neuf
80 quatre-vingts	81 quatre-vingt-un	82 quatre-vingt-deux	83 quatre-vingt-trois	84 quatre-vingt-quatre	85 quatre-vingt-cinq	86 quatre-vingt-six	87 quatre-vingt-sept	88 quatre-vingt-huit	89 quatre-vingt-neuf
90 quatre-vingt-dix	91 quatre-vingt-onze	92 quatre-vingt-douze	93 quatre-vingt-treize	94 quatre-vingt-quatorze	95 quatre-vingt-quinze	96 quatre-vingt-seize	97 quatre-vingt-dix-sept	98 quatre-vingt-dix-huit	99 quatre-vingt-dix-neuf
100 cent									

AIDE 18 — Dizaine et unité

Pour compter une grande quantité d'objets, il est habituel de les grouper par 10.

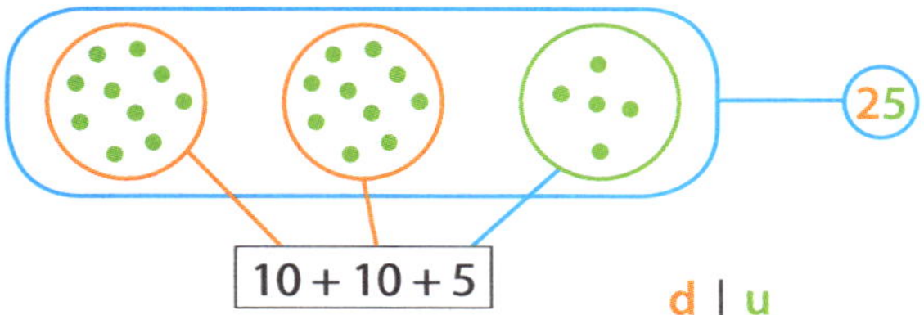

25, c'est 2 dizaines et 5 unités.

d	u
2	5

Dans 1 nombre de 2 chiffres, le premier chiffre indique le nombre de dizaines (d) et le second le nombre d'unités (u).

65, c'est 6 dizaines et 5 unités.

d	u
6	5

65 peut s'écrire :
10 + 10 + 10 + 10 + 10 + 10 + 1 + 1 + 1 + 1 + 1
ou : 20 + 20 + 20 + 5

AIDE 19 — Table d'addition

1 + 1 = 2	2 + 1 = 3	3 + 1 = 4	4 + 1 = 5	5 + 1 = 6	6 + 1 = 7	7 + 1 = 8	8 + 1 = 9	9 + 1 = 10
1 + 2 = 3	2 + 2 = 4	3 + 2 = 5	4 + 2 = 6	5 + 2 = 7	6 + 2 = 8	7 + 2 = 9	8 + 2 = 10	9 + 2 = 11
1 + 3 = 4	2 + 3 = 5	3 + 3 = 6	4 + 3 = 7	5 + 3 = 8	6 + 3 = 9	7 + 3 = 10	8 + 3 = 11	9 + 3 = 12
1 + 4 = 5	2 + 4 = 6	3 + 4 = 7	4 + 4 = 8	5 + 4 = 9	6 + 4 = 10	7 + 4 = 11	8 + 4 = 12	9 + 4 = 13
1 + 5 = 6	2 + 5 = 7	3 + 5 = 8	4 + 5 = 9	5 + 5 = 10	6 + 5 = 11	7 + 5 = 12	8 + 5 = 13	9 + 5 = 14
1 + 6 = 7	2 + 6 = 8	3 + 6 = 9	4 + 6 = 10	5 + 6 = 11	6 + 6 = 12	7 + 6 = 13	8 + 6 = 14	9 + 6 = 15
1 + 7 = 8	2 + 7 = 9	3 + 7 = 10	4 + 7 = 11	5 + 7 = 12	6 + 7 = 13	7 + 7 = 14	8 + 7 = 15	9 + 7 = 16
1 + 8 = 9	2 + 8 = 10	3 + 8 = 11	4 + 8 = 12	5 + 8 = 13	6 + 8 = 14	7 + 8 = 15	8 + 8 = 16	9 + 8 = 17
1 + 9 = 10	2 + 9 = 11	3 + 9 = 12	4 + 9 = 13	5 + 9 = 14	6 + 9 = 15	7 + 9 = 16	8 + 9 = 17	9 + 9 = 18

AIDE 20 — L'addition sans retenue

•• 2 + ••• 3 = ••••• 5

Additionner, c'est réunir, mettre ensemble, ajouter.

Le résultat de l'addition est une somme : 5 est la somme de 2 et 3.

Si tu additionnes deux nombres de 1 chiffre, tu peux trouver leur somme dans les tables d'addition.

2 + 6 = 8 (Table de 2)   6 + 7 = 13 (Table de 6)

Si tu additionnes deux nombres de 2 chiffres, tu feras d'abord la somme des unités, puis celle des dizaines.

Tu peux aussi utiliser les tables d'addition.

	d	u
	2	4
+	1	3
=	•	•

	d	u
	2	4
+	1	3
=	3	7

37 est la somme de 24 + 13.

AIDE 21 — L'addition avec retenue

	d	u
	2	6
+	1	7
=	•	•

	d	u
	2	6
+	1	+7
=		13

	d	u
	1 2	6
+	1	7
=	4	3

Tu écris 3 dans la colonne des unités et tu poses la dizaine en retenue dans la colonne des dizaines.

Attention ! tu as 1 dizaine de plus à compter.

13, c'est 1 dizaine et 3 unités.

43 est la somme de 26 et 17.

AIDE 22 — Le passage par 10

10, c'est aussi : 0 + 10   1 + 9   2 + 8   3 + 7   4 + 6   5 + 5

Le savoir par cœur te permet de calculer plus vite.

4 + 6 + 7	8 + 2 + 6	7 + 5 + 3	5 + 8 + 5
10 + 7	10 + 6	10 + 5	10 + 8
17	16	15	18

AIDE 23 — La moitié et le double

Pour trouver la **moitié** d'un nombre d'objets, de personnes, on coupe le groupe en **deux parts égales**.

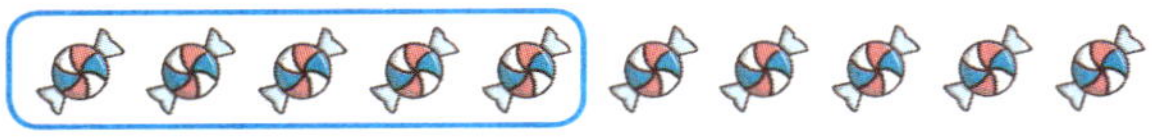

La moitié de 10 c'est 5.

La moitié de 2 c'est 1, de 4 c'est 2, de 6 c'est 3, de 8 c'est 4, de 10 c'est 5.

Pour trouver le **double** d'un nombre d'objets, de personnes, on **ajoute le même nombre** d'objets ou de personnes.

4 + 4 = 8 — 8 est le double de 4

Le double de 1 c'est 1 + 1 = 2, le double de 2 c'est 2 + 2 = 4, le double de 3 c'est 3 + 3 = 6, le double de 4 c'est 4 + 4 = 8, le double de 5 c'est 5 + 5 = 10.

AIDE 24 — L'addition à trous

3 + • = 7

Je cherche combien je dois ajouter à 3 pour avoir 7.

Si je ne trouve pas, je peux compter sur mes doigts ou utiliser la table d'addition de 3.

3 + 1 = 4
3 + 2 = 5
3 + 3 = 6
3 + **4** = 7

C'est **4** car 3 + 4 = 7

AIDE 27 — Les formes géométriques

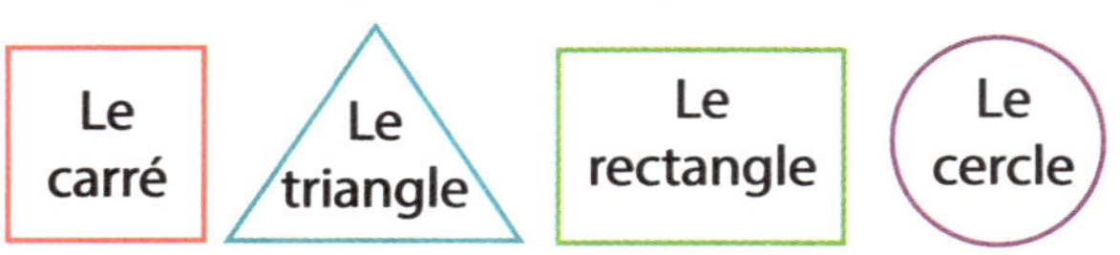

AIDE 28 — Les solides

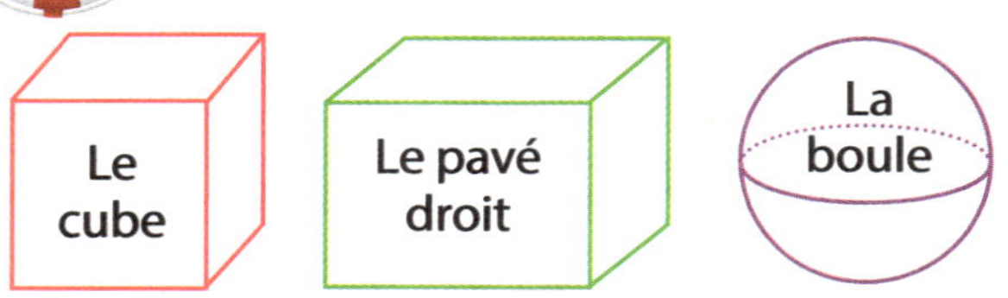

AIDE 25 — <, > ou =

Il y a **autant** d'œufs que de coquetiers.
On peut écrire : 3 = 3

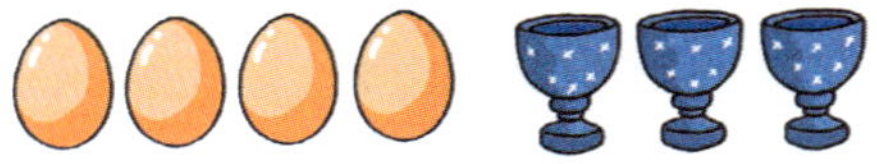

Il y a **plus** d'œufs que de coquetiers.
On peut écrire : **4 > 3**.
On lit : **« 4 est plus grand que trois »**.
On peut écrire aussi : **3 < 4**
On lit : **« 3 est plus petit que quatre »**.
Le signe > est **toujours ouvert** du côté du **plus grand nombre**.

7 > 3 — 32 < 68 — 9 + 5 > 7
10 + 5 > 3 + 3 — 10 + 10 + 5 < 20 + 5 + 5

AIDE 26 — Comparer les masses

Le ballon A est **aussi lourd** que le ballon B.

Le chien est **plus lourd que** le chat.
Le chat est **plus léger que** le chien.

AIDE 29 — La soustraction

Soustraire, c'est **retirer**, **ôter**.
Le résultat de la soustraction s'appelle la **différence**.

Il y avait 8 pommes dans le panier, on en a retiré 2. Il en reste donc 6. On écrit : 8 − 2 = 6

Le temps

AIDE 30

Les jours de la semaine

La semaine

Une semaine a sept jours :
- lundi
- mardi
- mercredi
- jeudi
- vendredi
- samedi
- dimanche

Géographie

AIDE 31

L'eau : des montagnes vers la mer

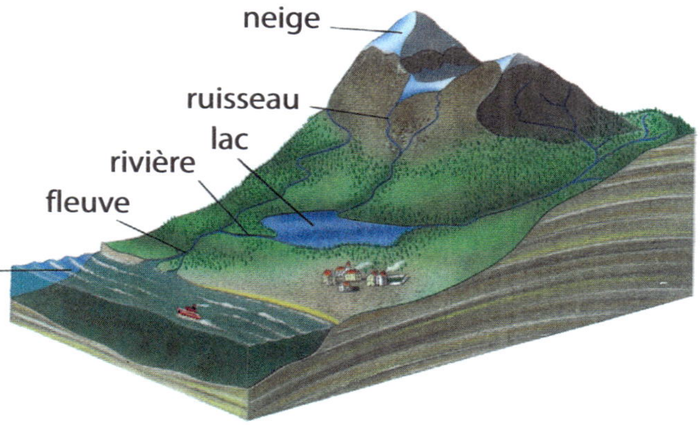

AIDE 32

Les plans, les cartes

Une ville vue du ciel.

Le plan de la ville, c'est le dessin des rues de la ville vues du dessus.

Sciences

AIDE 33 — Le corps humain

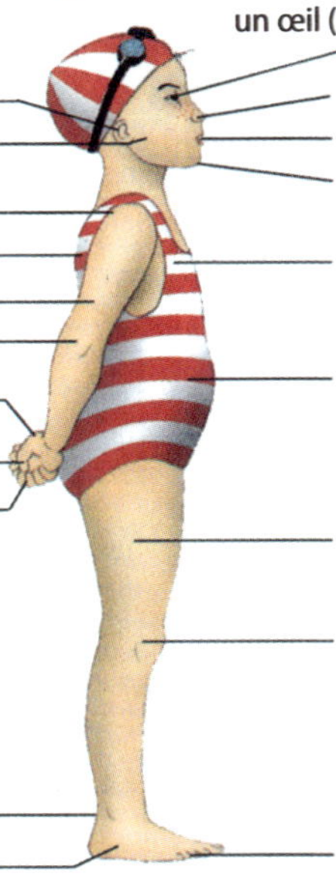

AIDE 34 — 34 les animaux

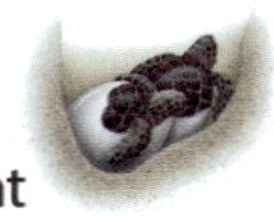

Les oiseaux, les reptiles, la plupart des insectes et les poissons pondent des œufs. Ce sont des ovipares. Le jeune animal est nourri par son père ou sa mère.

Les mammifères femelles portent leurs petits dans le ventre jusqu'à leur naissance. Le jeune animal est nourri par sa mère avec le lait de ses mamelles.

AIDE 35 — Les animaux se nourrissent

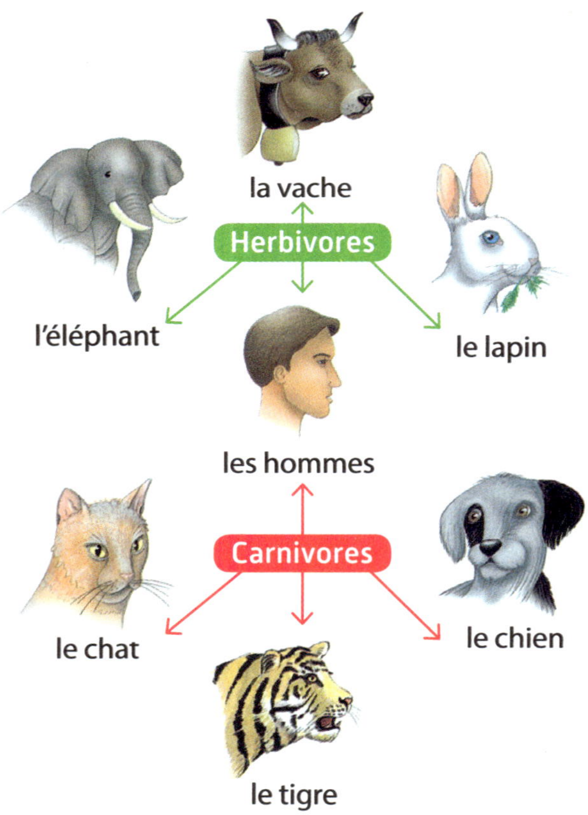

AIDE 36 — Les animaux se déplacent

Ils nagent dans l'eau :

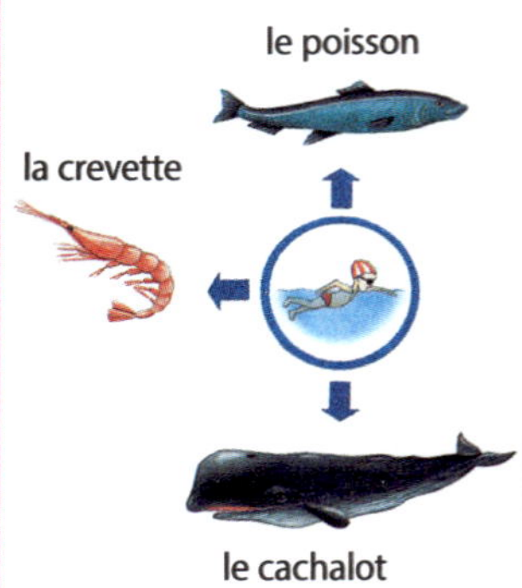

Ils volent dans l'air :

Ils sautent sur terre :

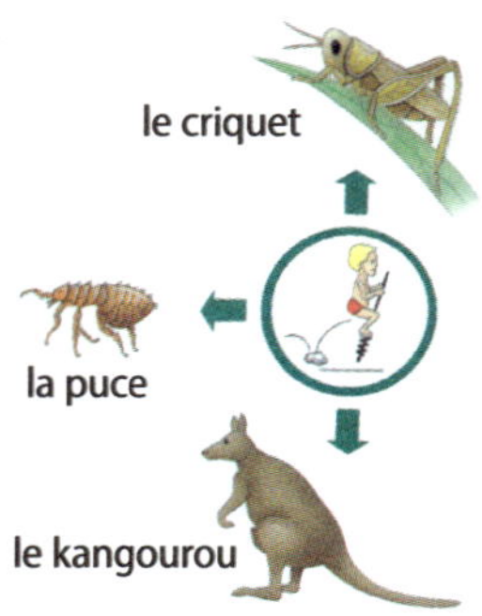

Ils rampent sur terre :

Achevé d'imprimer en Italie par la NIIAG - Dépôt légal : Mars 2019 - Édition 01 - 12/9598/9